人口老龄化背景下
我国适老产业发展与服务体系建设研究

冉江舟　杨　熙　陈信羽◎著

武汉理工大学出版社
·武汉·

内 容 提 要

养老产业不仅关系到个人与家庭，也关系到国家经济的发展，更加关乎社会结构的稳定与社会关系的和谐。本书主要在人口老龄化背景下对我国适老产业的发展和适老服务体系的建设展开研究，首先阐析人口老龄化背景，介绍适老产业的基础理论，然后结合当前我国适老产业的发展现状探讨适老产业的市场开发、集群发展、智慧化发展，最后研究我国适老服务体系的建设与优化路径。通过本书的研究，希望促进我国适老产业和适老服务的进一步发展，推动社会和谐，并助力健康中国建设。

图书在版编目 (CIP) 数据

人口老龄化背景下我国适老产业发展与服务体系建设研究 / 冉江舟，杨熙，陈信羽著.—武汉：武汉理工大学出版社，2023.12
ISBN 978-7-5629-6973-0

Ⅰ.①人… Ⅱ.①冉… Ⅲ.①养老—服务业—产业发展—研究—中国 Ⅳ.① F726.99

中国国家版本馆 CIP 数据核字（2023）第 249368 号

责任编辑：	陈　平		
责任校对：	楼燕芳	排　版：	任盼盼

出版发行：武汉理工大学出版社
社　　址：武汉市洪山区珞狮路 122 号
邮　　编：430070
网　　址：http://www.wutp.com.cn
经　　销：各地新华书店
印　　刷：北京亚吉飞数码科技有限公司
开　　本：710mm×1000mm　1/16
印　　张：12.75
字　　数：214 千字
版　　次：2024 年 5 月第 1 版
印　　次：2024 年 5 月第 1 次印刷
定　　价：78.00 元

凡购本书，如有缺页、倒页、脱页等印装质量问题，请向出版社发行部调换。
本社购书热线电话：027-87391631　87664138　87523148

·版权所有，盗版必究·

前　言
preface

在当今中国,人口老龄化问题是目前面临的一项前所未有的挑战。这一挑战不仅仅涉及老年人口的数量激增,还关乎整个社会的结构和经济体系的变革。具体而言,中国老年人口比例不断增长,其中包括65岁及以上的老年人口。根据统计数据,中国的老年人口已经超过2.5亿人,而且这一数字还在不断增加。这意味着中国正迅速进入老龄化社会,这对国家的社会、经济和医疗体系构成了严峻挑战。

随着老年人口比例的迅速增加,社会养老体系的压力不断加大,传统的养老模式逐渐无法满足需求。因此,研究适老产业的发展与服务体系建设有助于解决养老难题,确保老年人获得充分的社会保障和医疗服务,提高他们的生活质量,使其晚年生活更加幸福。

本书深入分析人口老龄化对中国社会的多重影响。随着老年人口的不断增加,中国面临着严峻的人口老龄化挑战。这一现象对社会养老体系产生了巨大的压力,传统的养老模式难以满足不断增长的老年人需求。家庭结构的变化使赡养压力增加,而劳动力市场也面临用工短缺和老龄化的问题。因此,本书将深入了解和分析这些影响,以全面把握老龄化对中国社会带来的多层次挑战。其次,本书的研究内容将有助于为政府和社会决策者提供相关政策建议。通过深入分析人口老龄化的影响,我们可以为政府制定更有针对性的政策提供依据,以提高社会的福祉水平,改善老年人的生活质量,并推动国家的可持续发展。这包括改进社会养老体系,以更好地满足老年人的需求;调整家庭赡养模式,减轻家庭的赡养压力;应对劳动力市场的挑战等。

最重要的是，本书的研究内容将促进社会各界对人口老龄化问题更加深入的理解。老年人口的增长不仅仅是一个社会问题，也涉及许多方面，如经济、医疗、文化、教育等。通过深入分析，人们可以更好地认识这些问题，为全面应对人口老龄化提供更多维度的思考和解决方案。

本书探讨适老产业与文化养老的关联性分析。文化养老是指将文化元素融入老年人的日常生活中，提供具有文化内涵的养老服务。在这一部分，我们将深入分析适老产业与文化养老的关联性，探讨文化养老如何满足老年人的多元需求，提供更加丰富、有趣的生活体验。其次，本书将研究适老产业与文化养老的融合模式与效益。通过深入研究实际案例，我们将探讨不同的融合模式，如文化艺术表演、手工艺品制作、传统节庆等如何成功地融入适老产业中。我们还将分析这些融合模式带来的效益，包括提高老年人的生活满意度、促进社交互动、传承传统文化等。最后，本书将深入研究适老产业与文化养老的合作机制和政策支持。合作机制是不同行业、机构和组织之间协同推动文化养老的关键。我们将分析不同利益相关方如何合作，共同推动文化养老项目的发展。同时，本书还将关注政府对文化养老的政策支持，包括资金支持、政策激励和法规制定，以促进文化养老与适老产业的有机结合。

限于作者学识与水平，书中难免有欠妥之处，敬请读者和有关专家批评指正。

作　者

2023 年 9 月

目 录
CONTENTS

第一章 引 言｜01

　　第一节　研究背景与意义｜02

　　第二节　研究目的与方法｜04

　　第三节　研究内容与结构｜08

第二章　人口老龄化影响分析｜12

　　第一节　人口老龄化对社会养老的影响｜13

　　第二节　人口老龄化对家庭赡养的影响｜17

　　第三节　人口老龄化对社会劳动力结构的影响｜21

第三章　适老产业基础理论介绍｜25

　　第一节　适老产业的概念与范畴｜26

　　第二节　适老产业的发展理论与模式｜33

　　第三节　适老产业的政策与法规｜51

第四章　我国适老产业发展现状分析｜54

　　第一节　适老产业的市场开发与机遇｜55

　　第二节　适老产业的集群发展与创新｜64

　　第三节　适老产业的智慧化发展与技术应用｜71

第五章　适老服务的发展与创新 | 79

第一节　适老服务的概念与范围 | 80

第二节　适老服务的供需状况与挑战 | 91

第三节　适老服务的创新模式与实践案例 | 100

第六章　适老产业与文化养老的融合发展 | 112

第一节　适老产业与养老文化的关联性分析 | 113

第二节　适老产业与文化养老的融合模式与效益 | 116

第三节　适老产业与文化产业的合作机制与政策支持 | 124

第七章　养老产业发展与适老改造 | 132

第一节　适老改造的概念与意义 | 133

第二节　适老改造的技术与设计要点 | 135

第三节　养老产业发展对适老改造的影响 | 143

第八章　适老人才培养与适老服务体系建设 | 151

第一节　适老人才培养的现状与问题 | 152

第二节　适老人才培养的策略与措施 | 156

第三节　适老服务体系的建设与优化路径 | 165

第九章　结论与展望 | 175

第一节　研究结论总结 | 176

第二节　研究的不足与改进建议 | 180

第三节　对未来适老产业发展的展望 | 185

参考文献 | 191

第一章

引言

第一节 研究背景与意义

一、研究背景

在当今社会,我国正迎来人口老龄化问题的巨大挑战。这一挑战不仅仅涉及老年人口的数量激增,还关乎整个社会的结构和经济体系的变革。具体而言,我国老年人口的比例不断增长,其中包括65岁及以上的老年人口。根据统计数据,截至2022年底,我国60岁及以上老年人口已经超过2.8亿人,而且这一数字还在不断增加。这意味着我国正迅速成为一个老龄化社会,对国家的社会、经济和医疗体系构成了严峻挑战。

首先,人口老龄化对社会养老体系构成了极大的压力。传统上,中国的家庭往往依赖家庭内部的赡养模式来照顾年迈的长辈。然而,由于家庭结构的变化、年轻一代的就业压力以及居住地点的不同,这一传统模式变得越来越不可持续。社会养老体系需要为不断增加的老年人口提供足够的支持,包括养老金、医疗服务和长期护理等。

其次,人口老龄化对家庭结构和劳动力市场产生了深远的影响。随着老年人口比例的上升,家庭需要更多的时间和精力来照顾年迈的成员。这对家庭成员职业和生活的平衡构成了挑战,可能导致劳动力市场上的一系列问题,如用工短缺和劳动力的老龄化,这也会影响到国家的经济增长和可持续发展。

最重要的是,老年人的需求和期望也发生了变化。现代老年人对生活质量的要求更高,他们渴望更多的社交互动、文化娱乐以及全面的医疗服务。因此,适老产业的发展已经成为满足这些需求的关键。适老产业涵盖广泛的领域,包括老年人的住房、医疗护理、康复、文化娱乐等。这不仅创造了经济增长的机会,还为老年人提供了更好的生活环境,促进了他们的社会参与。

总结而言,我国的人口老龄化问题已经成为国家面临的一项紧迫而复杂的挑战。适老产业的发展与服务体系的建设是应对这一挑战的关键,它不仅关系到国家的社会福祉,还涉及经济增长和社会的可持续发展。本文的研究背景强调了适老产业发展的紧迫性,突出了它对我国社会的多重影响,需要进行深入的研究和探讨。

二、研究意义

随着老年人口比例的迅速增加,社会养老的压力不断加大,传统的养老模式逐渐无法满足需求。因此,研究适老产业的发展与服务体系建设有助于解决养老难题,确保老年人获得充分的社会保障和医疗服务,提高他们的生活质量,使其晚年生活更加幸福。

首先,适老产业的发展不仅创造了经济增长的机会,还创造了就业机会。随着适老产业的蓬勃发展,将会有越来越多的就业岗位出现,从医疗护理人员到康复治疗师,再到文化娱乐和社交活动的组织者,都将受益于适老产业的繁荣。这有助于缓解就业压力,促进社会和经济的繁荣。

其次,适老产业与文化养老的结合有助于传承和弘扬中国的传统文化。老年人是文化传承的重要力量,他们承载着丰富的历史经验和文化传统。适老产业的发展可以为老年人提供更多参与文化活动的机会,促进传统文化的传承与创新,丰富老年人的生活,同时也有助于传播中华文化。另外,适老产业的兴起与政府政策息息相关。我国政府一直强调社会福利的提高,支持老年人的养老需求,如大力发展城市社区养老服务。依托社区养老服务设施,在街道层面建设具备全托、日托、上门服务、对下指导等综合功能的社区养老服务机构,在社区层面建立嵌入式养老服务机构或日间照料中心,为老年人提供生活照料、助餐助行、紧急救援、精神慰藉等服务。积极引导社会力量广泛参与社区养老服务,扶持培养一批综合化、专业化、连锁化、品牌化社区养老服务机构,支持其取得合理回报和持续发展。有条件的地方可通过购买服务等方式,采取老年餐桌、上门服务等形式,大力发展老年人急需的助餐、助浴、助急、助医、助行、助洁等服务,力争所有街道至少建有一个具备综合功能的社区养老服务机构,有条件的乡镇也要积极建设具备综合功能的社区养老服务机构,社区日间照料机构覆盖率达到90%以上。统筹使用各级投入社区的资金,优化财政支持养老服务发展的支出结构,相关资金更多用于支持社区养老服务。

因此,本文的研究对政府政策的制定和优化具有重要指导意义,可以帮助政府更好地引导和监管适老产业的发展,确保老年人得到充分的照顾与保障。本文的研究将为适老产业的可持续发展提供理论支持与实践指导。通过深入探讨适老产业的基础理论、市场发展、服务创新等内容,有望为相关从业者和决策者提供关键信息,帮助他们更好地应对老龄化挑战,提高服务质量,优化产业结构,实现产业的可持续发展,为我国社会的长期繁荣与稳定作出积极贡献。

第二节 研究目的与方法

一、研究目的

第一,本文的研究目的是更好地理解人口老龄化对我国社会的影响,尤其是在社会养老、家庭结构和劳动力市场方面。通过深入研究这些影响,我们可以更好地把握老龄化所带来的挑战,为政府、企业和社会提供更明智的政策和战略指导。这将有助于改善老年人的生活质量,提高社会的福祉水平,以及推动国家的可持续发展。

第二,本文的研究目的在于探究适老产业的基础理论、发展模式和政策法规。适老产业是应对人口老龄化挑战的关键,其发展对提供老年人所需的服务和创造经济增长的机会至关重要。通过深入研究适老产业的基本原理和最佳实践,我们可以为产业的可持续发展提供理论支持和实践指导。这将有助于促进适老产业的繁荣,提高服务质量,满足老年人的需求。

第三,本文的研究目的也涉及适老服务的发展与创新。老年人的需求和期望日益多样化,他们渴望更多的社交互动、文化娱乐以及全面的医疗服务。因此,本文旨在深入研究适老服务的概念、供需状况和创新模式,以帮助提供更加多样化的服务,满足不同老年人的需求,提高他们的生活质量。

第四,本文还关注适老产业与文化养老的融合发展,考察这两者之间的关联性、融合模式和效益。通过深入研究,我们可以找到更多的创新方法,将文化元素融入适老产业,丰富老年人的生活,促进传统文化的传承与创新。

第五,本文的研究目的包括探讨适老改造的概念与意义,以及其在养老产业发展中的作用。适老改造有助于提高养老设施的舒适度和适用性,使老年人能够更好地享受生活,同时也能够满足他们的特殊需求。通过深入研究适老改造的技术和设计要点,可以为老年人提供更好的设施,改善老年人的生活质量。

二、研究方法

(一)综合性的文献综述方法

综合性的文献综述方法是通过广泛搜集、筛选和分析文献资料,系统性地梳理已有的研究成果和学术文献。

首先,这种方法具有全面性和广泛性的特点,能够帮助研究者获取大量的信息和见解,为研究提供坚实的理论基础。在本文中,这种方法被用来收集关于适老产业发展与服务体系建设的相关研究、政策文件、实践案例等资料,使研究更具权威性和可信度。

其次,综合性的文献综述方法有助于构建研究的理论框架。通过对已有文献的分析和总结,研究者可以识别出相关的理论和概念,从而建立起关于适老产业的理论框架。这有助于研究者更好地理解相关理论和政策,为后续研究提供理论指导。

再次,这种方法也有助于深入理解国内外相关研究和政策。通过比较不同国家和地区的研究成果与政策文件,研究者可以获得跨文化的见解,了解国际经验和最佳实践。这将有助于为我国的适老产业发展提供更广泛的参考,吸取国际经验,提供更具实践性的建议。

最后,综合性的文献综述方法有助于全面认识适老产业发展与服务体系建设的现状。通过对广泛的文献资料的分析,研究者可以了解产业的市场情况、服务模式、政策法规等方面的信息,为研究提供全面的基础。这有助于更好地理解产业的多样性和复杂性,为政府、企业和社会提供更准确的决策支持。

（二）案例研究方法

首先，案例研究方法有助于深入了解适老产业的实际运营情况。通过选择一些具有代表性的案例，研究者可以深入研究这些案例的发展历程、经营模式、服务范围等方面的情况。这有助于更全面地理解适老产业的多样性和复杂性，而不是仅仅停留在理论层面。

其次，案例研究方法有助于提取最佳实践。通过分析成功的适老产业案例，研究者可以识别出成功的经验和做法。这将为其他类似产业提供宝贵的借鉴，帮助它们更好地发展和提供高质量的服务。

再次，案例研究方法也有助于了解实践中的问题和解决方案。通过研究那些曾经面临困难挑战但成功克服的案例，研究者可以获得有关问题的深刻理解，同时也可以了解解决这些问题的方法和策略，这将有助于其他产业更好地应对类似问题。

最后，通过对从业者和相关利益主体的深入访谈，案例研究方法使研究者能够获取实际经验和洞见。这些访谈可以帮助研究者更好地理解案例背后的故事，了解参与者的观点和建议，这将为研究提供更加深入的见解和实践性的建议。

（三）数据分析方法

首先，数据分析方法的关键作用在于提供客观的数据结论。在研究适老产业的发展现状、市场情况和服务供需状况时，数据分析方法能够帮助研究者从海量数据中提取有意义的信息。这有助于消除主观偏见，确保研究结论的客观性和准确性。

其次，数据分析方法能够揭示趋势和模式。通过对大量数据的统计分析，研究者可以发现市场的发展趋势、服务需求的模式以及适老产业的增长率。这些趋势和模式对了解行业的动态和未来发展方向具有重要意义。

此外，数据分析方法有助于研究市场机会和挑战。通过对市场数据的深入分析，研究者可以识别出潜在的市场机会，如需求增长的领域或未开发的市场细分。同时，也可以识别市场中的挑战，如竞争激烈或供应不足的领域。

最重要的是，数据分析方法为决策提供科学依据。研究者可以根据数据分析的结果制定决策和战略,以更好地满足市场需求,提高服务质量,提供更有针对性的适老产业服务,这有助于产业的可持续发展和提高老年人的生活质量。

(四)比较研究方法

首先,比较研究方法有助于获取国际经验和最佳实践。通过比较我国与其他国家或地区的适老产业发展状况,我们可以识别出不同国家或地区在该领域的成功经验和创新做法。这有助于汲取有益的启发,借鉴国际上已经验证的方法,以加速我国适老产业的发展。

其次,比较研究方法能够帮助我们更全面地理解适老产业在国际上的发展情况。不同国家和地区的文化、政策、市场特点等因素都会影响适老产业的发展模式和特点。通过比较分析,我们可以更好地理解这些差异,为我国的适老产业发展提供更全面的视角。

此外,比较研究方法有助于发掘适老产业的全球发展趋势。通过对国际适老产业的比较研究,我们可以识别出全球范围内的共同趋势和发展方向。这些趋势对预测未来的发展方向和制定战略决策非常重要。

最重要的是,比较研究方法能够为我国的发展提供借鉴。通过了解其他国家的经验和教训,我国可以更明智地制定政策和发展策略,避免重复他人的错误。这有助于我国更加有效地应对人口老龄化带来的挑战。

(五)实地考察和观察方法

首先,实地考察和观察方法使研究者深入了解适老产业的实际运营情况。通过亲临现场,研究者可以直接观察设施、服务提供过程、员工与老年人的互动等方面的情况。这种直接观察不仅使研究者能够验证理论和文献研究的结论,还有助于发现实际运营中存在的问题和改进空间。

其次,实地考察和观察方法提供了更具体和实际的信息。在现场观察中,研究者可以记录下各种关键信息,如设施的维护情况、服务的及时性、员工的专业素养、老年人的满意度等。这些具体的数据和情景描述可以为研究提供更多的实际依据和案例资料。

此外,实地考察和观察方法可以揭示出潜在的问题和改进空间。通过观察现场,研究者可能会发现一些问题,如服务不足之处、设施不适应老年人的需求之处、管理上的疏漏等。这些问题的发现有助于为适老产业提供改进建议,以提高服务质量和满足老年人的需求。

最重要的是,实地考察和观察方法增加了研究的可信度。通过实际观察,研究者可以获得第一手信息,而不仅仅依赖于文献和次生数据,这有助于确保研究的可信度和准确性。

综上所述,本文的研究方法是多样的、综合的,有助于深入探究我国适老产业的发展与服务体系建设。通过文献综述、案例研究、数据分析、比较研究以及实地考察,我们能够全面了解适老产业的现状、问题和发展趋势,为其可持续发展提供坚实的理论和实践支持。这些研究方法有助于使研究更加具体、有深度,并与实际情况贴近,为制定政策提供有力支持。

第三节　研究内容与结构

一、人口老龄化对我国社会的多重影响

本文将深入分析人口老龄化对我国社会的多重影响。随着老年人口的不断增加,我国面临着严峻的人口老龄化挑战。这一现象对社会养老体系产生了巨大的压力,传统的养老模式难以满足不断增长的老年人需求。家庭结构的变化使赡养压力增加,而劳动力市场也面临用工短缺和老龄化的问题。因此,本文将深入了解和分析这些影响,以全面把握老龄化给我国社会带来的多层次挑战。本文的研究内容将有助于为政府和社会决策者提供相关政策建议。通过深入分析人口老龄化的影响,我们可以为政府制定更有针对性的政策提供支持,包括改进社会养老体系,以更好地满足老年人的需求,调整家庭赡养模式,减轻家庭的赡养压力,以及应对劳动力市场的挑战。本文的研究结论有助于政府和社会决策者制定政策,提高社会的福祉水平,改善老年人的生活质量,并推动国家的可持续发展。

最重要的是,本文的研究内容将有助于促进社会各界对人口老龄化

问题的更深入理解。老年人口的增长不仅仅是一个社会问题,也涉及许多方面,如经济、医疗、文化、教育等。通过本文的深入分析,人们可以更好地认识这些影响,为全面应对人口老龄化提供更多维度的思考和解决方案。

二、探讨适老产业的基础理论

本文将深入探讨适老产业的基础理论,包括适老产业的概念与范畴、发展理论与模式以及政策与法规。

首先,通过明晰适老产业的概念和范畴,我们可以确立研究的范围和目标,更好地理解适老产业的核心要素。适老产业的概念不仅包括医疗护理,还涵盖康复、文化娱乐、社交活动等多领域,为老年人提供综合性服务。这一理论框架有助于深刻理解适老产业的本质,以及其多元化的特点。

其次,本文将研究适老产业的发展理论与模式。适老产业的发展受到多方面因素的影响,包括市场需求、产业竞争、政策支持等。通过深入研究发展理论与模式,我们可以了解适老产业的发展趋势和关键成功因素。这将有助于制定战略和政策,推动适老产业的可持续发展。同时,不同国家和地区可能采取不同的发展模式,本文将比较研究这些模式,以获取国际经验和启发。

最后,本文将分析适老产业的政策与法规。政府在适老产业的发展中扮演着重要角色,政策支持和法规制度对产业的发展和运营产生深远影响。通过深入分析政策与法规,我们可以了解政府对适老产业的支持程度,以及相关的规范和标准。这将有助于制定政策,为政府提供指导,以促进适老产业的可持续发展。

三、分析我国适老产业的现状

首先,本文将深入分析适老产业的市场开发与发展机遇。随着人口老龄化的加剧,适老产业市场蕴含巨大潜力。通过深入了解市场的规模、增长趋势以及需求特点,可以为企业和投资者提供宝贵的市场信报。适老产业的发展机遇可能涉及新的服务领域、创新的业务模式和市场细分,本文将深入研究这些机遇,为产业发展和投资决策提供依据。

其次，本文将关注适老产业的集群发展与创新。适老产业的发展不仅仅是单个企业的事业，也涉及产业集群的形成和创新的推动。通过分析集群的形成和运作机制，我们可以了解集群对促进产业合作和技术创新的作用。此外，创新在适老产业中至关重要，本文将深入研究创新的形式和实践，以挖掘最佳实践和潜在的合作机会。

最后，本文将着重探讨智慧化发展与技术应用。现代技术如人工智能、大数据、远程医疗等在适老产业中的应用已经成为不可忽视的趋势。通过深入研究技术的应用情况和效果，我们可以了解技术如何提高服务的质量和效率，同时满足老年人更多的需求。智慧化发展也包括管理和运营的智能化，本文将深入研究这方面的实践和案例，从而为产业的现代化发展提供参考。

四、研究适老服务的发展与创新

首先，本文将深入研究适老服务的概念与范围。适老服务是适老产业的核心，是为老年人提供全面关怀和支持的关键组成部分。通过深入了解适老服务的概念，我们可以明确其涵盖的范围，包括医疗、康复、文化娱乐、社交活动等多个领域。这有助于为老年人提供多样化的服务，满足他们不断变化的需求。

其次，本文将研究适老服务的供需状况与挑战。了解适老服务市场的供需情况对于产业的可持续发展至关重要。我们将深入研究服务的提供者与需求者，分析市场需求与供应之间的平衡情况。同时，本文还将关注服务的质量、可及性和价格等关键问题，以发现潜在的改进空间和挑战。

最后，本文将探讨适老服务的创新模式与实践案例。适老服务的提供需要不断创新，以满足老年人的多样需求。我们将深入研究不同的创新模式，包括智能化解决方案、社区参与项目、文化养老等，以挖掘最佳实践。同时，实践案例的研究将为读者提供具体的案例分析，展示成功的服务模式，同时揭示实践中的问题和解决方案。

五、探讨适老产业与文化养老的融合发展

首先，本文将探讨适老产业与文化养老的关联性。文化养老是指将

文化元素融入老年人的日常生活,提供具有文化内涵的养老服务。在这一部分,我们将深入分析适老产业与文化养老之间的相关性,探讨文化养老如何满足老年人的多元需求,提供更富有意义和有趣的生活体验。

其次,本文将研究适老产业与文化养老的融合模式与效益。通过深入研究实际案例,我们将探讨不同的融合模式,如文化艺术表演、手工艺品制作、传统节庆等如何成功地融入适老产业。我们还将分析这些融合模式带来的效益,包括提高老年人的生活满意度、促进社交互动、传承传统文化等。

最后,本文将深入研究适老产业与文化养老的合作机制与政策支持。合作机制是不同行业、机构和组织之间协同推动文化养老的关键。我们将分析不同利益相关方如何合作,共同推动文化养老项目的发展。同时,本文还将关注政府对文化养老的政策支持,包括资金支持、政策激励和法律保障,以促进文化养老与适老产业的有机结合。

六、研究适老改造的概念与意义

适老改造是指通过技术、设计和设施的调整,满足老年人的生活需求,提高他们的舒适度和生活质量。这是一项重要的工作,因为老年人通常面临生理和认知上的挑战,需要更好的环境来满足他们的特殊需求。

首先,我们将深入解释适老改造的概念,为什么它对老年人和养老设施如此重要,以及如何通过适老改造创建更好的养老环境。

其次,本文将详细探讨适老改造的技术与设计要点。适老改造需要综合考虑建筑、设施、家具、通信技术等多个方面,以满足老年人的需求。我们将深入分析适老改造的具体技术和设计要点,如增加无障碍设施、使用智能化家居设备、改善照明和空气质量等。这些技术与设计要点将有助于提供更适合老年人的生活环境,使他们更独立、更舒适。

最后,本文将研究养老产业发展对适老改造的影响。随着养老产业的发展,养老设施的需求不断增加。因此,适老改造成为养老产业的一个关键领域。我们将深入了解养老产业对适老改造的需求,以及如何适应市场需求。这将有助于完善养老设施的功能,提供更好的服务,吸引更多的老年人,同时也将为相关行业和企业带来商机。

第二章

人口老龄化影响分析

第一节 人口老龄化对社会养老的影响

一、养老支出增加

随着老年人口的增加,社会养老支出显著增加。政府需要投入更多资金来提供老年人的养老金、医疗保健和长期护理服务。这可能导致政府财政负担的增加,需要重新调整预算以满足老年人口的需求。

首先,随着老年人口的增加,社会养老支出的增加是必然的。老年人通常需要更多的经济支持来维持其生活质量,这包括基本生活、住房、食品、医疗和社交活动等方面的开支。因为老年人一般不再从工作中获得经济收入,他们依赖养老金、退休金和其他金融资产来维持生活,这意味着社会必须提供足够的经济资源以确保老年人的基本需求得到满足。

其次,养老金是老年人最主要的经济来源之一。随着老年人口的增加,养老金的需求急剧上升。政府和雇主需要提供更多的养老金,以满足退休老年人的经济需求。这可能会导致政府的养老金体系面临压力,需要调整养老金政策,以确保足够的资金供应。另外,老年人通常需要更多的医疗保健服务,因为他们更容易患疾病,并需要更多的医疗关怀。这包括预防保健、慢性疾病管理、急救和医疗手术等。政府需要提供老年人负担得起的医疗保健服务,以满足老年人的需求,这会导致医疗保健支出的增加。并且,随着老年人口的增加,需要提供更多的长期护理服务,这包括护理院、家庭护理和日间照料中心等。老年人中有一部分可能因健康状况而需要全天候的监护。这些服务的提供需要投入大量的人力资源和资金,增加了养老支出的负担。

最后,养老支出的增加对政府和社会财政造成了巨大压力。政府必须重新评估其财政预算,以确保有足够的资金来满足老年人口的需求。这可能导致财政赤字风险的增加或者需要增加税收来支持社会养老支出,这对政府的财政可持续性产生了重要影响。

二、养老体系可持续性挑战

人口老龄化对社会养老体系的可持续性构成挑战。由于老年人口的增加,工作年龄人口相对减少,养老体系可能难以为每位老年人提供足够的养老金和服务。这可能导致养老体系的崩溃或需要进行结构性改革。

随着老年人口的增加,社会养老体系面临财政压力。政府需要提供养老金、医疗保健和长期护理等服务,以满足老年人的需求。这会导致养老支出的显著增加,可能超出了政府的财政承受能力。财政赤字的增加可能会引发财政危机,影响国家的经济稳定性。随着老年人口的增加,工作年龄人口的比例相对减少,这意味着养老体系的负担更重。养老金和福利计划通常是通过工作人员的税收来支持的,因此工作年龄人口的减少可能导致养老金基金的减少。这会使养老金支出难以维持,除非通过税收或其他手段增加资金。另外,老年人通常需要更多医疗和长期护理服务,这对养老体系构成挑战。提供高质量的医疗保健和长期护理服务需要大量的资源和专业护理人员,可能导致医疗和护理成本的增加。养老体系需要适应这些需求,同时确保服务的质量。并且,人口老龄化可能导致养老体系的可持续性面临风险,特别是在没有采取适当措施的情况下。养老体系可能陷入危机,无法维持当前的养老金和福利水平,从而使老年人的生活质量下降。为了确保养老体系的可持续性,政府和社会必须考虑结构性改革,包括扩大养老金资金池、改革税收政策以支持养老金支出、提供更多的医疗和护理资源,以及促进长期护理服务的可及性,这些改革需要长期规划和政策协调。养老体系的可持续性还涉及社会结构和家庭支持的变化。随着老年人口的增加,家庭成员可能需要更多时间和资源来照顾年迈的亲人,这可能对家庭的经济和情绪稳定产生影响。社会需要适应这些变化,以确保老年人能够获得支持和关怀。

三、劳动力市场挑战

人口老龄化对社会养老的影响是一个复杂而深远的问题,它不仅直接关系到老年人的生活质量,也给劳动力市场带来了诸多挑战。以下是对这一影响的深入分析。

我们必须肯定，人口老龄化对社会养老的影响是不可避免的。随着医疗技术的进步和社会经济的发展，人们的寿命普遍延长，老年人口的比例也随之增加。这意味着更多的老年人需要养老服务和支持，这无疑增加了社会养老的压力。

在劳动力市场方面，人口老龄化带来了一系列挑战。第一，随着老年人口的增加，劳动力市场的供给逐渐减少。许多老年人退休后不再进入劳动力市场，劳动力短缺的问题越发显著。第二，老年人口的增加也带来了劳动力市场竞争的加剧。与年轻人相比，老年人可能在体力、技术等方面存在不足，这使他们在就业市场上处于劣势地位。

然而，我们也要看到，人口老龄化对劳动力市场不仅仅是一种挑战，也蕴含着机会。首先，随着老年人口的增加，对养老服务的需求也日益增长。这为养老服务产业提供了巨大的市场空间和发展潜力。其次，老年人口的增加也促进了劳动力市场的多元化。许多老年人拥有丰富的经验和技能，他们可以通过返聘、兼职等方式继续参与劳动力市场，为社会创造价值。

为了更好地应对人口老龄化给劳动力市场带来的挑战，政府和社会各界需要采取一系列措施。首先，政府应加大对养老服务的投入力度，提高养老服务的质量和覆盖率。通过建设更多的养老机构和社区养老设施，满足老年人的养老需求。其次，政府应加强对老年人的职业培训和教育，提高他们的技能，使他们在劳动力市场上更具竞争力。同时，社会各界也应积极参与养老服务产业的发展，提供更多的就业机会和岗位，为老年人创造更好的工作环境和条件。

四、家庭结构变化

家庭结构的变化是一个复杂而深远的社会趋势，而人口老龄化在这方面产生了重要影响。随着社会演变和经济压力的增加，传统的家庭结构正在发生变化，这对于家庭成员和社会来说都带来了一系列挑战。

首先，传统家庭结构中，赡养老年人通常是家庭的责任。然而，随着家庭结构的演变，如核心家庭的增多和家庭成员分散居住，赡养老年人的责任变得更加复杂。核心家庭通常由夫妻和子女组成，这意味着较少的人在承担照顾老年亲属的责任。同时，家庭成员可能因工作、学业或其他原因而居住在不同的地理位置，这使得照顾老年亲属变得更加具有挑战性。因此,家庭赡养模式发生了变化,不再像过去那样集中在一个家庭单元内。

其次,这些变化可能导致家庭内部的财务和情感遭遇挑战。随着核心家庭的增多,家庭成员可能需要共同分担经济责任,而照顾老年亲属需要额外的财政支出。这将引发财务紧张,尤其是对那些本来就面临经济压力的家庭而言。同时,由于家庭成员分散居住,情感支持和陪伴也会受到挑战。老年人可能会感到孤独,而家庭成员则难以满足他们的情感需求,这可能导致情感上的压力和紧张。此外,这种家庭结构变化还对社会福利体系和政府政策产生了影响。政府和社会福利机构需要调整政策以适应这种变化,为老年人的照顾提供更多的支持和服务,以减轻家庭的负担。同时,家庭成员可能需要更多的支持和培训,以更好地应对照顾老年亲属的挑战。

五、社会福祉问题

随着老年人口的不断增加,社会福祉问题成为一个重要议题,需要深入思考和应对。这些问题涵盖了多个方面,包括医疗保健、长期护理以及社会融合问题。以下是关于这些社会福祉问题的详细介绍。

首先,随着人口老龄化的加剧,医疗保健需求大幅增加。老年人通常需要更多的医疗服务和药物管理,以应对与年龄相关的健康问题,如慢性疾病、退行性疾病和认知障碍等。这对医疗保健系统提出了挑战,需要更多医生、护士和医疗设施来满足老年人的需求。此外,医疗保健成本的增加也可能给家庭和社会带来财务负担,特别是对于那些没有足够医疗保险的老年人来说。

其次,长期护理服务的需求也在增加。在人口老龄化时代,越来越多的老年人需要长期护理,特别是那些失去自理能力或患有严重疾病的人,包括家庭护理、疗养院、护理院和日间照顾服务。提供高质量的长期护理需要充足的资源和培训,以确保老年人能够获得恰当的护理。

此外,诈骗犯罪问题也值得关注。老年人更容易成为罪犯的目标,包括金融欺诈、身体虐待和家庭暴力。社会需要采取措施来保护老年人的安全,培训执法机关和社会工作者以更好地应对这些问题,并提供支持和法律保护。

最后,社会融合问题也在人口老龄化背景下崭露头角。随着老年人口的增加,社会需要寻找方法来促进跨代互动和互助。这有助于减轻老年人的孤独感,并增加社会凝聚力。社会政策和服务需要促进老年人的社会参与,包括文化活动、志愿服务和教育培训。

第二节　人口老龄化对家庭赡养的影响

一、赡养压力增加

随着老龄化的推进,赡养压力逐渐增加已成为一个不容忽视的事实。老年人在生活、健康、精神等多方面的需求日益增长,而家庭作为传统的养老单位,承担着越来越重的赡养责任。这种压力首先表现为经济上的负担。随着医疗技术的进步,老年人的医疗支出逐渐增加。同时,由于身体机能的衰退,他们可能需要更多的日常照料和护理服务。这些费用加起来,对许多家庭来说无疑是一笔巨大的开支。

除了经济压力,人口老龄化还带来了时间和精力上的挑战。对于工作繁忙的子女来说,既要照顾自己的小家庭,又要兼顾工作和社交,很难再抽出足够的时间和精力来照顾年老的父母。这种"时间贫困"使得很多子女在尽孝和事业之间面临着艰难的抉择,进一步增加了他们的心理压力。

更为复杂的是,老龄化带来的赡养压力并不仅仅是经济和时间上的,它也给家庭关系、亲情沟通带来了无形的挑战。在长时间、高强度的赡养压力下,家庭成员之间可能因为分工不均、观念不同等原因产生矛盾和摩擦。这种内部矛盾不仅影响了家庭和谐,也可能导致老年人的精神需求得不到满足。

总的来说,人口老龄化对家庭赡养的影响是全方位的,其中赡养压力的增加是最直接和明显的表现。这种压力既有经济上的,也有时间和精力上的,还对家庭关系和亲情沟通产生了深远影响。这是一个需要全社会共同关注的问题,我们应该深入了解并关注这种影响,以确保在老龄化进程中,家庭和社会都能更加和谐、稳定地发展。

二、家庭结构变化

随着人口老龄化的推进,家庭结构正在经历一系列的变化,这对家庭赡养产生了重要的影响。

首先,人口老龄化带来了家庭规模的小型化。过去,大家庭是常见的家庭形式,子女和孙子女共同居住,共同照顾年老的亲属。然而,随着社会的发展和城市化进程的加快,核心家庭(由父母和子女组成)逐渐成为主流。这意味着在赡养老人时,子女面临更大的责任和压力,因为他们没有其他家庭成员的支持和帮助。

其次,人口老龄化还导致了家庭代际关系的变化。在过去,多代同堂是常见的现象,老年人、中年人和年轻人共同居住,互相照顾。然而,随着社会的发展和生活方式的改变,越来越多的年轻人选择独自居住,与父母的联系可能变得较为疏远。这种变化使得子女在赡养老人时面临更多的挑战,包括时间、精力和经济上的压力。

此外,人口老龄化还带来了家庭角色的转变。在传统的家庭结构中,男性通常承担经济支持的责任,而女性则负责照顾家庭和老人。然而,在现代社会中,女性更多地参与到职场中,这使得家庭赡养的责任更加均衡地分配给了夫妻双方。这种转变可能会对家庭赡养产生影响,因为夫妻双方都需要平衡工作和家庭责任,确保老年人的赡养需求得到满足。

需要注意的是,家庭结构的变化不仅仅影响着家庭内部的赡养关系,也对社会支持和养老制度提出了新的挑战。随着家庭规模的缩小和家庭代际关系的变化,传统的家庭赡养模式可能无法满足老年人的需求。这就需要社会和政府提供更多的支持和服务,如社区养老、机构养老等,以弥补家庭赡养的不足。

总的来说,人口老龄化导致家庭结构的变化,这种变化给家庭赡养带来了更多的复杂性问题和挑战。分散居住的家庭成员需要进行更多的协调和安排,以满足老年家庭成员的需求,同时经济和情感关系也可能受到影响。因此,政府和社会应该提供支持和援助,以帮助家庭应对这些挑战,确保老年人的生活质量得到保障。

三、经济负担

人口老龄化对家庭赡养造成了重大经济负担,这是一个显著的社会问题,对子女的经济稳定和职业前景产生深远的影响。

首先,老年人的医疗和护理费用通常较高。随着年龄的增长,老年人更容易受到健康问题的影响,包括慢性疾病、认知障碍和身体虚弱。这通常需要更多的医疗服务、药物管理和长期护理。医疗和护理费用的增加对家庭经济构成了显著的负担,尤其是在没有足够医疗保险的情况下。

其次,子女需要承担老年家庭成员的医疗和护理费用,包括支付医疗账单、购买药物、雇用护理人员或将老年亲属送入养老院或疗养院。这些费用不是一时的开支,而是可能需要长期投入的成本。这对子女的财务状况产生重大影响,导致他们的储蓄减少、负债增加,甚至影响到他们自己的生活水平和未来的财务计划。此外,这一经济负担也给子女的职业前景带来了挑战。为了满足家庭的经济需求,子女可能需要削减工作时间或职业发展机会,以便更多地照顾老年家庭成员。这可能导致他们的职业停滞,影响他们的工作绩效和晋升机会。在竞争激烈的职场中,这种职业牺牲会对子女的职业发展产生长期的不利影响。

总的来说,人口老龄化给家庭带来了重大的经济负担。政府应该提供相应的政策支持,比如提供医疗保险补贴、设立家庭照料假等,以帮助家庭应对这些挑战。

四、家庭关系

首先,人口老龄化往往导致家庭结构的变化,这种变化进一步影响着家庭关系的状态。在传统的家庭中,年轻的子女通常负责照顾年老的父母,这种垂直的家庭关系是基于一种明确的角色划分。然而,随着人口老龄化的加快,越来越多的家庭出现了两代同时需要照顾的情况,比如既有年老的父母,也有需要抚养的孙辈。这种"三明治"式的家庭结构给家庭关系带来了新的挑战。

在这样一种家庭结构中,中年子女不仅要扮演父母的角色,还要同时承担子女的责任,这无疑增加了他们在家庭关系中的压力。他们需要在照顾父母和抚养子女之间找到平衡,而这种平衡往往难以实现。

其次,人口老龄化也可能导致家庭关系的紧张。长期的照顾责任可能使子女产生疲惫和焦虑,这种情绪有可能转化为家庭内部的冲突。同时,老年人的健康状况和生活习惯也可能与年轻一代存在分歧,这些分歧如果处理不当,都可能引发家庭矛盾。

然而,我们也不能忽视人口老龄化对家庭关系的积极影响。面对赡养的挑战,家庭成员可能更加团结,共同应对困难。在照顾老人的过程中,子女可能更深刻地理解到亲情的珍贵,从而加深与父母的感情。同时,老年人也可能通过分享生活经验和智慧,为家庭关系注入更多的和谐和温暖。

总的来说,人口老龄化对家庭关系产生了多方面的影响。赡养责任的分担可能引起兄弟姐妹之间的紧张和冲突,也可能引发不公平感。此外,赡养责任还可能对夫妻关系产生影响,因为夫妻需要协调如何应对这一责任。因此,家庭成员应该积极沟通,制订公平合理的赡养计划,以确保家庭关系的和谐稳定。此外,政府和社会应该提供支持和援助,以帮助家庭应对这些挑战,确保老年人的生活质量得到保障。

五、就业和职业

人口老龄化对家庭赡养的影响也深入到了就业和职业层面。这一影响不仅关系到个体的职业发展和经济状况,更直接关系到家庭赡养的能力和质量。

首先,随着人口老龄化的推进,就业市场的竞争日益加剧。由于年轻人口数量的减少,许多职位的竞争变得更加激烈。对于承担家庭赡养责任的子女来说,找到稳定且薪资可观的工作变得更为困难。就业的不稳定性使他们难以预测和规划家庭赡养的经济支出,增加了赡养的不确定性。

其次,人口老龄化也对职业发展产生了影响。随着工作经验的积累和技能的提升,许多中年人正处于职业发展的关键阶段。然而,为了照顾年老的父母,他们可能需要投入更多的时间和精力,这不可避免地会影响到职业上的发展和晋升。一些子女可能需要在工作和家庭之间做出选择,而这种选择往往会对他们的职业前景产生长期影响。

同时,人口老龄化还带来了职业转型的挑战。随着技术的发展和产业的变革,一些传统行业的就业机会可能逐渐减少,而新兴行业需要不同的技能和知识。对于承担赡养责任的子女来说,职业转型的压力更大。他们需要在照顾家庭的同时,不断提升自己的技能,以适应就业市场的变化。这种转型不仅需要时间和精力上的投入,还需要经济上的支持,进一步增加了家庭赡养的负担。

然而,在面对这些挑战的同时,我们也应该看到人口老龄化给就业和职业带来的机遇。随着老年人口的增加,社会对养老服务的需求不断增长,这为养老产业提供了巨大的发展空间。承担赡养责任的子女可以从事与养老服务相关的职业,既可以满足社会的需求,又能够更好地兼顾家庭和工作。

此外,政府和社会也应该积极采取措施,以应对人口老龄化对就业和职业的影响。政府可以加大对职业培训和教育的支持力度,帮助中年人提升技能,提升他们在就业市场上的竞争力。同时,社会各界可以推动灵活的工作制度安排,为承担家庭赡养责任的人提供更多的工作时间和地点的选择,以更好地平衡家庭与工作的关系。

综上所述,人口老龄化对家庭赡养的影响不可避免地涉及就业和职业层面。这种影响既带来了挑战,也为个体和社会提供了新的机遇。通过适应就业市场的变化、提升自身能力,并得到政府和社会的支持,我们可以更好地应对人口老龄化对家庭赡养的影响,实现家庭与职业的和谐发展。

第三节 人口老龄化对社会劳动力结构的影响

一、劳动力减少

人口老龄化对社会劳动力结构产生了深刻的影响,其中最明显的影响是劳动力减少。这一趋势对劳动力市场和经济产生了多方面的影响,特别是在一些关键行业和职业领域。

首先,随着人口老龄化情况越发显著,劳动力市场的总体人口数量减少。这是由于老年人口增加,而年轻劳动力的增长相对较慢。老年人通常在退休后退出劳动力市场,而出生率下降,导致年轻人进入劳动力市场的速度较慢。这种趋势导致了劳动力总体规模的减少,在某些地区或行业尤为显著。

其次,劳动力减少导致劳动力短缺。特别是在一些关键行业和职业领域,如医疗护理、教育和制造业,对劳动力的需求相对较高,而老年人通常不再从事这些高需求的职业。因此,在这些领域可能出现人才短缺,难以找到足够的合格劳动力。这会对社会服务、医疗保健和生产力产生影响,因为这些领域的人才短缺会妨碍服务的提供和产业的发展。

此外,劳动力减少还可能导致工资水平上升。由于供给减少,需求不变或增加,劳动力市场可能会出现工资上升的趋势。这在一些行业中导致用工成本上升,从而增加企业的财务负担。同时,高薪的工作会成为吸引年轻人进入劳动力市场的因素,但也会对企业造成薪资压力。

二、老年劳动力增加

人口老龄化对社会劳动力结构产生了多重影响,其中之一是老年劳动力的增加。一些老年人可能需要继续工作以维持生活水平,这使社会劳动力结构发生了显著的改变。以下是有关这一影响的详细说明。

首先,老年人继续工作以维持生活水平。许多老年人发现退休后的生活成本较高,而他们的储蓄和养老金不足以满足其需求。因此,一些老年人不得不继续工作。这种趋势在某些国家和地区尤为明显,特别是在养老金不足的地方。

其次,老年人在劳动力市场中的比例增加。因为老年人可能更容易找到适合他们技能和经验的工作。尤其在技术领域,老年人通常具有丰富的经验和专业知识,这使他们成为有价值的员工。然而,老年劳动力的增加也可能带来一些挑战。虽然老年人通常具有丰富的经验和技能,但他们的体力和工作能力可能会有所下降。这导致他们在某些存在体力劳动或高度竞争的职业中面临困难。此外,老年人需要适应新的工作方式和技术,这需要进一步培训。

三、生产率和经济增长

人口老龄化对社会劳动力结构产生了广泛的影响,其中之一是对生产率和经济增长的负面影响。这个问题涉及国家和地区的经济可持续发展。

首先,人口老龄化导致了劳动力的减少。随着老年人口的增加,年轻的劳动力人口相对减少。这导致劳动力总数的减少,对经济生产力产生直接的负面影响。较小的劳动力队伍会导致生产力水平的下降,因为更少的人承担更多的工作。这对很多行业和领域都会产生影响,包括制造业、农业、服务业等。

其次,较多的退休人口也对生产力和经济增长造成压力。退休人口通常不再从事生产性工作,而是依赖养老金、社会安全和医疗保健。退休人口的经济负担可能对国家的财政稳定产生影响,因为政府需要提供社会保障和医疗保健服务。这导致政府支出的增加,而这些支出需要从有限的财政资源中获得资金,这对公共投资和经济增长产生负面影响。此外,老年人的劳动力参与率通常较低。虽然一些老年人继续工作,但许多人在退休后选择不再就业。这可能降低整体的劳动力参与率,从而影响生产率。低劳动力参与率导致潜在的劳动力资源未被充分利用,限制了经济增长的潜力。

四、社会保障和福利支出

人口老龄化对社会劳动力结构产生了深远的影响,其中之一是对社会保障和福利支出造成了压力。随着老年人口的增加,社会保障和福利支出需要不断增加,以满足老年人的需求。

首先,老年人口增加意味着更多的养老金需求。随着老年人口的增加,政府和私人养老金计划需要支付更多的养老金。这对政府财政和企业的财务稳定性产生影响。政府需要提高养老金支付额度,以满足老年人的财务需求,这可能会导致财政赤字或需要提高税收标准。企业可能需要增加对退休员工的退休金支出,增加劳动力成本。

其次,医疗保健开支也会随着老年人口的增加而增加。老年人通常需要更多的医疗保健服务,包括治疗慢性疾病、使用药物、定期体检等。随着医疗保险支出的增加,政府和私人医疗保险都需要承担更多的费用。对医疗保健系统和保险公司的财务可持续性造成压力,导致保险费用的增加,或者需要政府提供更多的医疗援助。另外,长期护理服务需求也随着老年人口的增加而增加。老年人中的一部分可能需要长期护理,包括在家庭中的护理、入住护理院或护理机构等。这些服务的提供需要政府和个人支付,因为长期护理通常不包括在传统医疗保险中。政府需要提供更多的长期护理服务,从而增加了财政压力。

五、教育和职业培训

人口老龄化还影响教育和职业培训。政府和社会需要投资更多资源来培养和吸引年轻一代进入劳动力市场,以弥补劳动力的减少。

首先,老年人口的增加对教育系统提出了新的要求。随着老年人口的增加,学校和大学系统需要适应这一变化,以满足不同年龄段学生的需求,包括为老年学生提供特殊的教育和培训项目,如成人教育、继续教育、老年教育在线学习和短期课程等。政府和教育机构需要投入更多的资源来确保这些教育的质量和可及性。

其次,老年人口的增加对劳动力市场的年龄结构产生影响。年轻一代的数量相对减少,导致劳动力短缺。政府和企业需要采取积极措施来吸引年轻人进入劳动力市场,包括提供职业培训机会、学徒计划、实习和职业指导等,以鼓励年轻人参与并留在工作市场。另外,技能转换和再培训变得至关重要。随着技术的快速演变,某些职业可能会减少需求,而其他职业可能会兴起。老年人和中年人需要学习新的技能,以适应新的职业要求。政府和雇主需要提供支持,包括提供职业再培训计划、鼓励终身学习和提供技能认证等,以帮助人们转换职业,适应新的工作环境。此外,教育和职业培训需要更加关注市场需求。教育机构和培训中心需要与企业和行业保持密切联系,以确保他们提供的课程和培训与市场需求相匹配,有助于确保培训人员具备实际技能,能够快速进入工作市场,并应对行业的发展和技术变革。

第三章

适老产业基础理论介绍

第一节　适老产业的概念与范畴

一、适老产业的概念

适老产业的兴起源于社会老龄化的趋势。随着医疗科技的进步和生活水平的提高，人们的寿命逐渐延长，导致老年人口比例逐渐上升。这一背景下，适老产业应运而生，它的概念围绕着为老年人提供服务和产品的领域，包括医疗保健、长期照护、老年人住房、社交活动和娱乐、科技和智能产品、金融服务以及交通和出行等方面。适老产业的目标是满足老年人的需求，帮助他们过上更健康、幸福和有尊严的生活。该产业的意义在于解决老年人面临的问题，改善他们的生活质量。不仅有益于老年人自身，还有助于减轻他们的家庭负担和社会的负担。适老产业为老年人提供了更多的选择和支持，帮助他们充分参与社会活动，保持健康，延长寿命。此外，它也为创业家和投资者提供了商机，促进了就业和经济增长。

适老产业的重要性不断增加，因为老年人口比例不断上升。这个产业的发展有助于维持社会的可持续性，减轻医疗和社会服务系统的压力。它还有助于创造更多的工作机会，推动科技创新，促进社会参与。适老产业不仅关乎老年人的福祉，也关系到整个社会的发展和繁荣。

总的来说，适老产业是一个迅速发展的领域，它在应对老龄化趋势中发挥着至关重要的作用。它不仅反映了社会的进步和变革，也为老年人提供了更多的机会和支持，同时为经济和社会系统提供了新的机遇。适老产业将在未来继续发展，并在全球范围内产生深远的影响。

二、适老产业的范畴

（一）医疗保健

适老产业中的医疗保健扮演着极其重要的角色，为老年人提供广泛的医疗服务、健康管理和康复治疗等方面的支持。这一领域不断创新和发展，以满足老年人的特殊医疗需求，对提升老年人的生活质量和幸福感至关重要。

首先，医疗服务在适老产业中扮演着核心角色。老年人通常面临更多的健康问题和慢性疾病，因此需要更频繁的医疗关怀。适老产业中的医疗服务提供了一系列的医疗选项，包括定期体检、治疗、药物管理和紧急医疗救助。有助于老年人及时获得医疗帮助，维护他们的健康和生活质量。

其次，健康管理是医疗保健领域的另一个关键方面。老年人更需要细致的健康管理来应对与年龄相关的健康问题。适老产业提供了健康监测、慢性疾病管理、饮食指导和体育锻炼等服务，以帮助老年人维护健康的生活方式。有助于老年人更好地管理自己的健康状况，预防疾病的发生，以及更好地应对已有疾病的挑战。此外，康复治疗也是医疗保健领域的重要组成部分。随着年龄的增长，一些老年人可能需要康复治疗来应对运动损伤、手术后康复、中风或其他健康问题。适老产业提供专业的康复治疗服务，包括物理治疗、职业治疗和言语治疗等，以帮助老年人恢复功能，提高生活质量。

总的来说，医疗保健领域在适老产业中是至关重要的。它不仅为老年人提供医疗服务，还通过健康管理和康复治疗来提供全面的医疗支持。有助于老年人维护健康、提高生活质量，同时也为家庭和社会减轻了负担。适老产业的医疗保健领域不断创新，以适应老年人不断变化的需求，它将在未来继续发挥着至关重要的作用。

（二）长期照护

适老产业中的长期照护在满足老年人特殊需求方面发挥着至关重要的作用。这一领域提供了长期照护、护理和支持老年人的机构和服务，旨在帮助那些需要额外支持的老年人拥有更好的生活。

首先,长期照护机构包括各种类型的设施,如养老院、康复中心、老年人护理设施等。这些机构提供了住宿、医疗护理、饮食和社交活动等多种服务,以满足老年人的多样化需求。老年人可以选择适合他们需求和偏好的机构,以获得持续的照护和支持。

其次,长期照护服务不仅包括住宿,还包括居家护理。这是一项重要的服务,特别适用于那些希望在自己家中得到照护的老年人。家庭护工、护理员、康复治疗师等可以提供日常生活的支持,协助老年人的日常,如洗浴、进食、药物管理等。长期照护领域还包括专门的记忆护理设施,如阿尔茨海默病护理中心,为那些患有认知障碍疾病的老年人提供特殊的照护和支持。这些机构有专业的护理人员,他们了解如何处理记忆问题和行为变化,以提供更好的照护。此外,长期照护领域还涵盖了康复治疗,如物理治疗、职业治疗和言语治疗等。这些治疗有助于老年人康复和提高生活质量,特别是对于那些患有运动障碍的老年人。

总的来说,长期照护领域在适老产业中为老年人提供了广泛的支持和服务。它不仅关注老年人的生活质量,还减轻了家庭成员的负担。适老产业的长期照护领域不断创新,以满足老年人的多样化需求,同时提供了多种选择,以确保老年人能够在一个支持性的环境中享受晚年生活。这一领域的发展对社会中不断增加的老年人具有极其重要的意义。

(三)老年人住房

适老产业中的老年人住房是为满足老年人的住房需求而不断发展和创新的重要领域。这一领域提供了多种居住选择,包括适老型住宅、养老院、老年公寓等,以确保老年人能够在适合他们需求的环境中过上舒适、安全和有尊严的生活。

首先,适老型住宅是一种专门设计和构建,以满足老年人需求的住宅。这些住宅通常包括无障碍设施,如坡道、扶手、宽敞的门道等,以方便老年人的行动。此外,还提供了社交活动和娱乐设施,以帮助老年人保持社交互动和活跃的生活方式。养老院是另一种老年人住房选择,特别适用于那些需要更多照护和支持的老年人。这些机构提供住宿、医疗护理、饮食和康复治疗等多种服务,以确保老年人的健康和福祉。养老院通常有专业的护理团队,能够满足老年人多样化的医疗和生活需求。

老年公寓则提供了一种介于传统住宅和养老院之间的选择。这些公寓通常是为老年人设计的,提供了一定程度的无障碍设施,同时也保留了独立性和自主性。居住在老年公寓中的老年人可以享受社交活动和便利的服务,同时保持独立的生活方式。此外,老年人住房领域还包括老年人社区,这是一种集体生活方式,老年人可以在社区中互相支持和互动。这些社区通常提供共享的设施,如俱乐部会所、餐饮服务、娱乐和健康管理,以提供一个社交丰富且有活力的生活环境。

老年人住房领域的不断发展和创新有助于确保老年人能够在舒适、安全的环境中度过晚年生活。不仅有益于老年人自身,还有助于减轻家庭和社会的负担。这一领域的多样化选择具有更多的灵活性,以满足老年人多样化的需求。因此,老年人住房领域在适老产业中具有重要的地位,不断为老年人提供更好的居住环境。

（四）社交活动和娱乐

适老产业中的社交活动和娱乐领域在满足老年人的社交和娱乐需求方面发挥着至关重要的作用。该领域提供了多种机会,如老年人社交俱乐部、兴趣小组、文化活动等,以确保老年人能够过上充实、有乐趣的生活,维持心理健康和幸福感。

首先,老年人社交俱乐部是一个有益的社交场所。老年人可以在这里与其他同龄人建立联系,分享经验和互相支持。这种社交互动对老年人来说是非常重要的,可以减轻孤独感,扩大社交圈,提高生活满足感。

其次,兴趣小组提供了老年人追求自己兴趣和爱好的机会。这些小组涵盖了各种兴趣领域,从艺术和手工艺到体育和户外活动。老年人可以在这些小组中找到志趣相投的人,共同参与活动,培养新的技能,并拓宽自己的兴趣爱好。文化活动也是社交和娱乐领域的一部分。老年人可以参与音乐会、戏剧表演、博物馆参观等文化活动,以满足他们的审美需求。这种文化活动有助于老年人在精神上丰富自己,享受艺术和文化带来的乐趣。老年人的社交和娱乐需求不仅仅关乎娱乐,还关系到心理健康。社交活动有助于老年人保持活跃,提升认知能力,减轻抑郁和焦虑症状。此外,参与社交活动还有助于老年人保持身体健康。

总之,社交活动和娱乐领域在适老产业中为老年人提供广泛的机会,以满足他们的社交、娱乐和心理健康需求。不仅有助于老年人维持健康、积极的生活方式,还有助于减轻孤独感。适老产业的社交活动和娱乐领域持续创新,以满足老年人的多样化需求,帮助他们过上充实、幸福的晚年生活。

(五)科技和智能产品

适老产业中的科技和智能产品领域是一个充满创新和潜力的领域,它旨在满足老年人在健康、安全和生活质量等方面的需求。这一领域的不断发展为老年人提供了众多工具和服务,以帮助他们过上更加独立和便捷的生活。

首先,智能助行器是一项突出的创新科技,特别适用于老年人。这些设备包括智能电动轮椅、行走助力器、步行器等,帮助老年人维持行动能力。智能助行器通常配备了导航系统、防盗系统和遥控功能,使老年人能够更轻松地移动,减轻了身体的负担,提高了独立性。

其次,健康监测设备在适老产业中也扮演着重要的角色。这些设备可以追踪血压、心率、血糖水平等生命体征,帮助老年人和他们的医生更好地管理健康。此外,一些智能健康设备还可以提供紧急救援,以确保老年人在需要时能够获得帮助。老年人的手机应用是另一个关键的科技创新领域。这些应用通常具有用户友好的界面和功能,以满足老年人的需求,可以帮助老年人管理日常任务、记住重要的日期、保持社交联系、获取医疗信息等。这些应用提供了便捷的方式,让老年人更好地参与数字化社会。科技和智能产品领域的发展不仅有助于老年人的生活,还使他们的家庭成员更安心。这些创新技术可以远程监控老年人的健康状况,提供实时警报,以确保老年人的安全。同时,它们还有助于老年人保持认知活跃,通过智能游戏和学习来锻炼大脑。

总的来说,科技和智能产品领域为适老产业提供了众多创新的方式,以满足老年人的需求,提高他们的生活质量。不仅帮助老年人过上更健康、更便捷的生活,还减轻了家庭成员的负担。适老产业的科技和智能产品领域在不断改进和发展,以更好地满足老年人的多样化需求,为他们创造更好的生活环境。

(六)金融服务

适老产业中的金融服务领域是为老年人提供多种金融产品和服务的关键领域。这一领域的不断发展和创新旨在帮助老年人规划他们的金融未来,确保他们在退休后维持财务健康和生活质量。

首先,退休金规划是金融服务领域的一个重要组成部分。老年人通常需要规划他们的退休金,以确保他们在退休后有足够的资金维持生活。金融顾问和规划专家可以帮助老年人创建退休储蓄计划,制定投资策略,选择合适的退休金产品,以确保他们的财务健康和长期财务安全。

其次,养老金和养老金管理也是金融服务领域的一个关键方面。老年人可能依赖于养老金来支付日常开支。金融服务机构提供了养老金管理服务,包括养老金账户的管理和维护等。这些服务有助于确保养老金的安全性和稳定性,以满足老年人的财务需求。长寿保险是另一个重要的金融产品,它可以提供一定的经济保障,以应对老年人可能面临的医疗费用和长期照护费用。这种保险为老年人提供了额外的安全感,确保他们在生活中不会因不可预测的支出而受到财务困扰。金融服务领域还包括了遗产规划和资产管理。老年人通常需要确保他们的遗产得到合理的分配,并且希望为家人留下财务支持。金融规划师可以帮助老年人制定遗嘱、规划遗产,并管理他们的资产,以确保资金的有效传承。

金融服务在适老产业中的发展不仅有助于老年人实现财务安全,还有助于减轻他们的财务负担。这一领域的不断创新和发展为老年人提供了多种金融工具,以应对他们可能面临的财务挑战。金融服务还有助于老年人和他们的家庭规划未来,确保他们的财务健康和生活质量。适老产业的金融服务领域在老年人的经济生活中扮演着至关重要的角色,为他们提供财务支持和安全感。

(七)交通和出行

适老产业中的交通和出行领域是为老年人提供便捷、安全以及无障碍的交通选择和服务而不断创新的重要领域。这一领域的发展有助于确保老年人继续参与社会活动,并满足他们的出行需求。

首先,适老型交通工具是一项引人注目的创新。这些工具包括无障碍交通工具、电动轮椅、低地板公交车、对老年人友好的汽车等,旨在为老年人提供更容易搭乘的交通工具。这些工具通常具有便捷的上下车设计、宽敞的座位、安全的扶手和易于操作的控制面板,以满足老年人的特殊需求,帮助他们维持独立的出行能力。

其次,搭乘服务在适老产业中扮演着关键的角色。搭乘服务包括共享出行服务、便捷的叫车服务以及定制化的运输方案等,确保老年人能够轻松访问所需的出行工具。这些服务提供了更多的灵活性,老年人可以根据自己的需求和时间表来选择出行方式,而无须依赖传统的交通模式。出行协助是交通和出行领域的另一个关键组成部分,包括导航应用、出行指南、特殊服务请求等,帮助老年人规划和执行他们的出行。这些工具有助于老年人避免交通拥堵、找到无障碍路径、了解公共交通信息,以及提前预订出行服务,确保他们的出行更加无忧无虑。老年人的交通和出行需求不仅仅关乎出行本身,还涉及他们的社交参与和生活质量。因此,交通和出行领域的不断发展为老年人提供了更多的便捷和支持,有助于他们维持独立的生活方式,继续参与社会活动,保持心理和身体健康。

总之,交通和出行领域在适老产业中具有重要地位,它不仅关乎老年人的出行需求,还影响他们的社会互动和生活质量。适老产业的交通和出行领域持续创新,可以确保老年人能够享受便捷、安全的出行体验,继续过上积极而充实的生活。

(八)教育和培训

适老产业中的教育和培训领域是为老年人提供继续教育、技能培训以及知识获取的关键领域。这一领域的不断创新有助于老年人继续学习、探索新知识,提高认知能力,维持智力活跃,满足他们的学习需求。

首先,老年人继续教育是一项重要的服务,为那些渴望学习新技能、追求兴趣爱好或重新进入工作场所的老年人提供机会。包括课程、工作坊、讲座、在线学习等多种形式。老年人可以参加各种学科,如文学、艺术、历史、科学、技术等,以满足他们的好奇心和对知识的渴望。

其次,技能培训是帮助老年人获得实际技能和知识的重要部分,包括计算机技能、语言学习、手工艺、健康保健等。技能培训有助于老年人在日常生活中更加自主,提高职业技能,或者继续参与志愿工作,为社会作出贡献。教育和培训还包括认知训练,帮助老年人维持思维敏捷和大脑活力,认知训练包括智力游戏、记忆训练、逻辑推理等。它有助于老年人预防认知衰退,提高记忆力和思维能力。

老年人的继续教育和培训需求不仅仅关乎知识获取,还关系到心理健康和社交互动。学习新技能和参与教育活动有助于老年人保持社交联系,减轻孤独感,提高生活满足感。此外,它们还为老年人提供了更多参与社会和社区的机会,以继续充实老年人的生活。

总之,教育和培训领域在适老产业中的作用不可小觑。它不仅有助于老年人继续学习和提高技能,还有助于维持认知健康和积极的生活方式。适老产业的教育和培训领域不断创新,以满足老年人的多样化学习需求,帮助他们过上充实而有意义的晚年生活。

第二节 适老产业的发展理论与模式

一、适老产业的发展理论

(一)老年人自我实现理论(Self-Actualization Theory)

老年人自我实现理论,也被称为自我实现理论,是一种关于老年人的发展和生活质量的理论,强调了老年人的潜能和自我成长。这一理论认为老年人拥有未实现的潜力,还鼓励他们在晚年继续追求个人目标,提高生活质量,实现自我价值。以下是对这一理论的深入探讨。

重视老年人的内在需求和愿望:自我实现理论侧重于了解老年人的内在需求和欲望,而不仅仅是关注年龄相关的生理变化或限制,有助于老年人实现更高的生活满足感。

促进个人成长和学习:该理论认为,老年人具有继续学习和发展的能力。它鼓励老年人参与终身学习、追求新的兴趣爱好和技能,以提高认识,维持身体健康。

强调自我实现和满足感:自我实现理论认为,老年人通过追求自己的目标、充分利用潜力,以及与社会互动和参与,可以实现更高的满足感,这有助于提高老年人的生活质量和幸福感。

反对刻板印象和社会歧视：该理论指出,年龄刻板印象和社会歧视可能限制老年人的自我实现。因此,它鼓励社会更多地关注老年人的个体需求,提供支持和机会,以满足他们的潜能。

实际案例证明：许多老年人的生活故事都证明了自我实现理论的有效性。一些老年人在晚年取得了重大成就,如学位、艺术作品、志愿工作等,强调了他们未实现的潜能。

自我实现理论为适老产业提供了重要的指导原则。适老产业的服务和产品可以设计成促进老年人的自我实现,满足他们的个人目标和需求,从而提高他们的生活质量和幸福感。这一理论也有助于减轻年龄歧视和社会排斥,为老年人创造更友好的社会环境。总的来说,自我实现理论强调了老年人的活力和潜能,鼓励他们在晚年继续追求有意义的生活。

（二）积极老龄化理论（Positive Aging Theory）

积极老龄化理论,也被称为正面老龄化理论,是一种关于老年人生活和发展的理论,强调老年人积极参与社会、持续学习和发展技能,以实现充实、有意义的晚年生活。这一理论将老年人视为社会和经济资源的积极贡献者。以下是对积极老龄化理论的深入探讨。

强调积极社会参与：积极老龄化理论认为,老年人可以通过社会互动、志愿工作、参与社交活动以及支持家庭和社区来继续为社会作出贡献。老年人积极参与社会活动,有助于他们保持精神活力,减轻孤独感,同时也对社会产生积极影响。

持续学习和发展：该理论鼓励老年人继续学习新技能、兴趣爱好和知识,有助于提高认知能力、适应性和自信心。老年人可以参加课程、工作坊、讲座和在线学习,以维持智力活跃。

自我实现和个体成长：积极老龄化理论认为,晚年是一个积极的发展阶段,老年人可以实现自我潜力,追求个人目标,提高自尊和生活满足感,有助于老年人实现内在成长和满足感。

挑战年龄刻板印象：该理论强调挑战负面的年龄刻板印象和社会歧视。它鼓励社会将老年人视为有活力、有价值的个体,重视他们的经验和知识。

提高生活质量：积极老龄化理论的目标是提高老年人的生活质量。通过积极的社会参与、持续的学习和技能发展，老年人可以过上充实而有意义的晚年生活，保持身体和心理健康。

积极老龄化理论在适老产业中提供了重要的指导原则。适老产业的服务和产品可以设计成促进老年人的积极社会参与、终身学习和技能发展，以实现充实的晚年生活。

（三）社会参与理论（Social Engagement Theory）

社会参与理论，也称为社交互动理论，是关于老年人生活和发展的一种理论，强调社会互动和参与对于老年人的生活质量和心理健康至关重要。这一理论认为，积极的社会互动和参与社区可以提高老年人的幸福感，减轻孤独感，以及促进他们的心理健康。以下是对社会参与理论的深入探讨。

社会联系的关键性：社会参与理论认为，老年人的社会联系对于他们的幸福感和生活满足感至关重要。包括与家人、朋友、社区成员以及志愿者团体的联系，积极的社交互动可以提供支持和情感满足。

减轻孤独感：该理论强调，社交互动有助于减轻老年人的孤独感。孤独感会对老年人心理健康产生负面影响。积极的社会互动可以帮助老年人感到自身更加有价值。

社区参与：社会参与理论还强调老年人参与社区活动和志愿工作的重要性。通过参与社区项目、志愿服务和社会活动，老年人可以感到自己对社会的贡献，提高自尊和满足感。

心理健康的促进：积极的社会互动对老年人的心理健康有积极影响。它可以减轻抑郁、焦虑和认知退化的风险，帮助老年人维持精神活力。

社交互动的多样性：社会参与理论鼓励老年人寻求多样的社交互动，包括家庭聚会、社交俱乐部、文化活动、志愿服务、宗教活动等。多样的社交互动有助于满足不同的社交需求。

社会参与理论在适老产业中具有重要意义。适老产业的服务和产品可以设计成促进老年人的社交互动和社区参与，以提高他们的生活质量和心理健康。这一理论还有助于创造更加友好的社交环境，鼓励老年人积极参与社会活动，建立更多社交联系，从而过上充实而有意义的晚年生活。总的来说,社会参与理论强调了社会互动和社区参与对于老年人的心理健康和生活满足感的重要性。

(四)适老产业生命周期理论(Aging Industry Lifecycle Theory)

适老产业生命周期理论是一种关于适老产业发展的理论,强调该产业会经历不同的生命周期阶段,从需求的初步识别到服务的不断创新和发展。这一理论有助于我们更好地理解适老产业的演进和趋势,以满足不断变化的老年人需求。以下是对适老产业生命周期理论的深入探讨。

需求识别阶段:适老产业的生命周期始于对老年人需求的初步识别。这可能涉及对老年人生活中存在的问题、挑战和机会的认识。在这个阶段,可能会出现初步的服务和产品,以满足特定需求。

成长和扩展阶段:一旦适老产业的需求得到初步识别,它开始经历成长和扩展阶段。新的企业和服务提供商进入市场,服务种类和范围不断增加。这一阶段还可能涉及政府政策的介入,以促进适老产业的发展。

成熟阶段:在产业生命周期的成熟阶段,市场已经饱和,竞争激烈。服务提供商不断努力提高质量,降低成本,以留住客户并吸引新客户。此阶段还可能涉及合并和收购,以整合市场份额。

创新和多元化阶段:为了在市场上保持竞争力,适老产业必须不断创新和多元化。包括引入新的技术、服务模式、合作伙伴关系以及适应不断变化的老年人需求。

转型和重新定位阶段:适老产业的生命周期还可能包括转型和重新定位阶段。这可能是由于市场变化、新兴趋势、技术发展或法规变化所引起的。在这个阶段,企业和服务提供商必须重新评估自己的业务模式,以适应新的现实。

适老产业的适应性:适老产业的成功与其适应能力密切相关。能够灵活应对老年人需求的变化,快速创新和调整业务战略的企业和服务提供商通常更有可能在产业生命周期中获得成功。

适老产业生命周期理论强调了适老产业的动态性和不断变化的特性。通过了解产业的生命周期,我们可以更好地预测未来趋势,制定适应性战略,以满足老年人不断变化的需求。有助于适老产业持续发展并提供更好的服务。总的来说,这一理论可以帮助适老产业更好地满足老年人的需求。

（五）智能城市理论（Smart City Theory）

智能城市理论，也被称为智能老龄城市理论，是一种关于城市规划和发展的理论，旨在通过将先进的科技和创新应用于城市环境，以满足老年人的出行、医疗和社交需求，从而提高城市的老年友好性。这一理论强调了城市可以更好地满足老年人的需求，提高他们的生活质量，并促进他们的社会参与。以下是对智能城市理论的深入探讨。

科技创新和老年人需求：智能城市理论认为，通过采用科技创新，城市可以更好地满足老年人的需求。

老年友好型基础设施：该理论强调城市应当建立老年友好型基础设施，以便老年人能够轻松访问医疗设施、购物中心、文化场所和社区中心。包括无障碍建筑、方便的交通工具、智能医疗设备和数字社交平台等。

智能交通和出行：智能城市理论强调城市可以采用智能交通系统，以提供老年人更便捷、安全的出行选择。包括智能助行器、搭乘服务、虚拟现实培训等，以帮助老年人安全出行。

远程医疗和健康监测：城市可以采用远程医疗和健康监测技术，以实现老年人的医疗需求。老年人可以通过远程医疗服务咨询医生，监测健康状况，减少出行和等待时间。

数字化社交和文化活动：通过数字社交平台和文化活动的数字化体验，老年人可以继续参与社交和文化活动。有助于减轻孤独感，增加社交互动，并提高生活质量。

政策和城市规划：智能城市理论还涉及政策和城市规划的角度。城市规划者和政策制定者需要制定政策，以支持智能老龄城市的发展，鼓励科技创新，提高老年人的生活质量。

智能城市理论为城市规划和适老产业提供了重要的指导原则。通过将科技和创新应用于城市环境，城市可以更好地满足老年人的需求，提高他们的生活质量。有助于推动适老产业的发展和城市的老年友好性。总的来说，智能城市理论强调了科技在提高老年人生活质量和社会参与方面的重要作用。

（六）跨学科综合护理理论（Interdisciplinary Comprehensive Care Theory）

跨学科综合护理理论，也称为综合照护理论，是一种关于适老产业的发展理论，强调通过多学科的团队合作来提供综合的医疗和社会服务，以满足老年人的多样化需求。这一理论强调了整体性照护的重要性，以确保老年人获得综合性、协调一致的服务。以下是对跨学科综合护理理论的深入探讨。

多学科团队协作：跨学科综合护理理论鼓励医疗和社会服务领域的专业人员，如医生、护士、社会工作者、心理医生、康复师等，共同合作，形成多学科团队。有助于充分考虑老年人的多重需求，从生理、心理、社会和文化等多个角度提供支持。

个体化和综合性护理：每个老人都有自己独特的生理、心理和社会需求。综合护理要对每个老人进行评估，然后根据其特定需求制订护理计划。同时，老人可能同时面临多种健康问题，如慢性疾病、认知障碍、心理健康问题等。综合护理意味着要同时考虑这些问题，提供医疗、康复、心理健康、社交等多方面的支持。

协调和连续性的护理：跨学科综合护理理论强调了协调和连续性的护理。不同专业的团队成员应协调工作，确保老年人获得无缝的服务。有助于减少信息断裂，提高护理质量。

长期照护和康复：综合护理理论还关注长期照护和康复。它强调了老年人在康复过程中的需求，以及长期照护方案的重要性。有助于老年人维持独立性和生活质量。

促进老年人参与决策：理论鼓励老年人参与护理决策。他们的声音应被听取，需求和偏好应该得到尊重。有助于提高老年人的满意度和参与感。

跨学科综合护理理论在适老产业中具有重要意义。它强调了整体性护理、多学科合作和个体化服务的价值，以满足老年人的多样化需求。通过综合护理，老年人可以获得更全面的医疗和社会支持，提高他们的生活质量。这一理论也有助于改善长期照护领域的质量，并提高老年人的幸福感。总的来说，综合护理理论为适老产业提供了重要的指导原则，以确保老年人获得综合性、协调一致的护理服务。

（七）老年友好型社区理论（Age-Friendly Community Theory）

老年友好型社区理论，也被称为老年友好型城市理论，是一种关于适老产业的发展理论，强调创造环境，以满足老年人的需求，包括居住、出行、社交和健康服务等。这一理论强调了社区和城市可以通过改善基础设施和服务，提供更好的生活条件，促进老年人的健康、幸福和社会参与。以下是对老年友好型社区理论的深入探讨。

居住环境：该理论强调改善老年人的居住环境，包括住房、社区设施和公共空间的可访问性等。可以设计构建无障碍住房、提供便利的交通连接，以确保老年人能够舒适地生活。

出行便捷性：老年友好型社区理论关注出行便捷性，包括公共交通、步行和骑行设施等，以确保老年人可以轻松地到达医疗机构、购物中心和社交活动场所。

社交参与：该理论强调社交参与的重要性，包括老年人可以参与社交活动、文化活动和志愿服务的机会。社交互动对于老年人的幸福感和心理健康至关重要。

健康服务和照护：老年友好型社区应提供容易访问的健康服务和照护，包括医疗设施、康复中心和社区护理服务等。有助于老年人维持健康和获得及时的医疗照顾。

老年人权益和参与：该理论鼓励社区和城市政府为老年人提供机会，参与决策和规划，以确保他们的需求得到尊重和满足。有助于建立老年人友好型社区，满足他们的期望和需求。

跨代共融：老年友好型社区理论还强调跨代共融的概念，鼓励不同年龄群体之间的互动和支持。有助于建立更加包容和多样化的社区。

老年友好型社区理论在适老产业中具有重要意义。它强调了改善城市和社区环境，以满足老年人需求的价值。通过创造老年友好型社区，城市可以提高老年人的生活质量，促进他们的社会参与，帮助他们过上更加健康和幸福的晚年生活。这一理论也有助于改变社会对老年人的看法，提高对他们需求的重视。总的来说，老年友好型社区理论强调社区和城市可以创造更适宜老年人居住和生活的环境，从而提高他们的生活质量。

(八)适老产业的人本理论(Human-Centered Approach Theory)

适老产业的人本理论,也被称为人本关怀理论,是一种关于适老产业的发展理论,强调将老年人的需求和期望作为服务设计和创新的核心,以确保服务和产品符合他们的期望。这一理论将老年人的体验、价值观放在优先位置,以确保适老产业的发展以人为本。以下是对适老产业的人本理论的深入探讨。

老年人的需求优先:人本理论强调老年人的需求和期望应该居于服务设计和创新的核心地位,意味着要了解他们的生活方式、偏好、文化差异和特殊需求,以提供个性化的服务。

个体化护理和服务:该理论强调适老产业应该提供个体化的护理和服务,以满足老年人的多样化需求。包括医疗护理、康复、社交支持、文化活动等。个体化服务有助于提高老年人的生活质量。

可访问性和包容性:人本理论关注服务和产品的可访问性和包容性,以确保老年人能够轻松获得所需的服务。包括建立无障碍设施、提供支持性技术和考虑文化差异等。

老年人参与决策:适老产业应该鼓励老年人参与决策,听取他们的建议和反馈。有助于确保服务和产品符合他们的期望,提高他们的满意度。

教育和培训:人本理论认为,培训和教育服务提供者和工作人员,以更好地理解老年人的需求和提供高质量的关怀。有助于提高服务的质量和老年人的幸福感。

持续改进:该理论鼓励对适老产业进行持续改进。老年人的需求和期望可能会随时间而变化,因此服务和产品需要不断改进。

人本理论在适老产业中具有重要意义。它强调关注老年人的需求和期望,以确保他们获得高质量的服务和产品。通过将老年人置于服务设计的核心,可以提高他们的生活质量,提升幸福感,并促进他们的社会参与。这一理论还有助于改变对老年人的看法,将他们视为有价值的成员,他们应得到他人的尊重和关怀。

二、适老产业的发展模式

（一）养老院模式

养老院模式，作为适老产业的一种发展模式，旨在为老年人提供全方位的护理和服务，包括住宿、餐饮、医疗护理和社交活动。老年人支付一定费用以入住，并获得所需的支持和关怀。这一传统的模式在许多国家广泛存在，具有独特的特点和优势。以下是对养老院模式的深入探讨。

住宿和生活环境：养老院模式提供一个舒适、安全的住宿环境，通常包括独立的卧室或套房，共享的社交区域，以及方便的餐饮设施。有助于老年人维持独立性的同时获得社交互动的机会。

医疗护理和健康支持：在养老院中，老年人可以获得医疗护理和健康支持。包括定期的健康监测、用药管理、疾病管理和康复服务。老年人可以获得专业医护人员的照顾。

社交和文化活动：养老院通常提供各种社交和文化活动，如康复运动、手工艺课程、音乐表演、文化活动等。有助于老年人保持活跃、与同龄人建立联系，并享受丰富多彩的生活。

安全和监护：养老院通常提供 24 小时监护和紧急响应服务，以确保老年人的安全。

减轻家庭压力：养老院模式也有助于减轻家庭的压力。有时，家庭成员难以提供老年人所需的护理和支持，而养老院可以提供专业的照顾，减轻家庭的负担。

尽管养老院模式具有多方面的优势，但也面临一些挑战。其中包括高昂的费用、有限的床位供应、可能的社交隔离和老年人可能需要适应新环境等问题。因此，许多国家正在积极寻求不同类型的适老产业发展模式，以更好地满足老年人的需求，包括居家护理、老年人社区和创新的服务模式。总的来说，养老院模式在适老产业中仍然居于重要地位，特别是对于那些需要更全面支持和医疗护理的老年人。

（二）社区护理模式

社区护理模式是适老产业中的一种发展模式，旨在为老年人提供长期照护和支持,以使他们能够在自己的家中生活。这一模式为老年人提供了更大的独立性和自主权,同时确保他们获得所需的医疗和护理服务。以下是对社区护理模式的深入探讨。

服务内容:社区护理模式旨在为老年人提供日常照护、医疗护理、康复服务、心理健康支持、社交活动等多元化的服务。服务内容根据老年人的需求和评估结果进行个性化定制,确保每位老人都能得到适合自己的护理。

服务提供者:社区护理模式依赖于一支由护士、医生、康复师、社工、心理咨询师等专业人员组成的跨学科团队。他们共同协作,为老年人提供全面、连续的护理服务。同时,也鼓励家人和社区志愿者参与其中,共同关心和支持老年人。

服务地点:社区护理模式主要在老年人所在的社区实施。这样可以方便老年人就地接受服务,减少他们因往返医疗机构而产生的不便。同时,也有助于他们与社区保持联系,维持社交活动。

与医疗机构的合作:社区护理模式强调与医疗机构的紧密合作。医疗机构可以为社区护理提供技术支持和专业指导,确保老年人得到高质量的护理服务。同时,社区和医疗机构之间的顺畅转诊机制也有助于确保老年人在需要时能及时得到专业的医疗服务。

科技支持:在适老产业的社区护理模式中,科技的应用也日益重要。例如,远程医疗、智能家居、健康监测设备等,都可以帮助提高社区护理的效率和质量,更好地满足老年人的需求。

社区护理模式在适老产业中具有重要意义。它符合老年人的期望,使他们能够在家中生活,同时仍然获得必要的医疗和护理支持。这一模式强调了个体化服务、社交互动和家庭支持的重要性,以提高老年人的生活质量和幸福感。社区护理还有助于减轻养老院的压力,特别是在老年人口快速增长的情况下,提供了可持续的护理模式。总的来说,社区护理模式为老年人提供了更多的选择和灵活性,以满足他们的多样化需求,同时为家庭成员和照顾者提供了支持。

(三)居家护理模式

居家护理模式是适老产业的一种发展模式,致力于为老年人提供上门服务,以满足他们在家中的需求。这一模式强调了老年人在熟悉的家庭环境中获得医疗护理、家务服务和社交支持的重要性。以下是对居家护理模式的深入探讨。

熟悉的环境：居家护理模式使老年人能够继续在自己熟悉的家庭环境中生活。这对于老年人的心理和情感健康非常重要，因为他们可以保持与家人和社交圈的联系。

医疗护理和健康支持：居家护理提供医疗护理和健康支持，包括定期的医疗检查、用药管理、疾病管理和康复服务。有助于老年人维持健康和降低医疗风险。

家务服务：居家护理通常包括家务服务，如清洁、烹饪、购物和洗涤。这些服务减轻老年人和家庭成员的负担，确保他们生活在一个整洁和有序的环境中。

社交支持：社交互动对老年人的心理健康至关重要。居家护理可以提供社交支持，包括陪伴、聊天、参加社交活动等。

个体化服务：居家护理强调提供个体化的服务，根据每个老年人的需求、偏好和能力进行定制。有助于确保老年人获得他们需求的支持。

家庭参与：家庭成员通常与居家护理服务提供者一起参与，以提供全面的护理支持。有助于家庭成员了解老年人的需求，提供情感支持，同时协助照顾。

居家护理模式在适老产业中居于重要地位。它强调老年人在家庭环境中获得护理和支持的权利，有助于提高他们的生活质量，同时降低医疗和生活风险。这一模式特别适合那些希望在家中继续独立生活的老年人，同时也有助于减轻养老院的压力，提供了更加可持续的护理模式。总的来说，居家护理模式为老年人提供了更多的选择和自主权，以满足他们的多样化需求，同时为家庭成员和照顾者提供了支持。

（四）老年人住房模式

老年人住房模式是适老产业的一种发展模式，旨在提供多样化的住房选择，以满足老年人的居住需求。这一模式强调了老年人在晚年期间维持独立性和自主性的重要性，同时也提供了各种服务和设施，以支持他们的日常生活。以下是对老年人住房模式的深入探讨。

适老型住宅：适老型住宅通常是专门设计和建造的住宅，以满足老年人的需求。这些住宅的特点包括无障碍设施、便捷的位置、紧急呼叫系统,它们还具有其他对老年友好的特征。

老年公寓:老年公寓提供老年人独立生活的机会,同时提供一定程度的社交支持和安全性。这些公寓通常位于社区中心,方便老年人访问商店、享受医疗设施和其他服务。

独立生活社区:独立生活社区为老年人提供了一个社交活跃和充实的环境,同时也提供了各种便利设施,如餐厅、健身中心、文化活动和社交活动。有助于老年人保持社交联系和社会参与。

综合护理社区:综合护理社区通常提供多层次的护理,从独立生活到特别护理,以满足老年人的需求。老年人可以在同一社区内逐渐升级护理服务,而不必迁移。

支持和社交互动:这些住房模式通常促进社交互动和提供支持。老年人可以与同龄人建立联系,分享乐趣,享受丰富多彩的晚年生活。

个体化选择:老年人住房模式提供了多种选择,以满足不同老年人的需求和偏好。老年人可以根据自己的情况选择适合自己的住房类型。

老年人住房模式为老年人提供了更多的住房选择,以适应他们的不同需求和偏好。这一模式强调了老年人的自主性和独立性,同时提供了各种支持和服务,以确保他们的安全和幸福。此外,老年人住房模式也有助于减轻养老院的压力,提供了可持续的住房和服务模式。总的来说,老年人住房模式为老年人提供了更多的选择和自主权,以满足他们的多样化需求,同时提供了社交互动和支持,以提高他们的生活质量。

(五)在线健康和医疗服务模式

在线健康和医疗服务模式是适老产业中的一种创新发展模式,它充分利用了现代科技和互联网的便利性,以满足老年人的医疗需求。这一模式为老年人提供了便捷、高效和个性化的医疗护理,减少了他们的出行和等待时间。以下是对在线健康和医疗服务模式的深入探讨。

便捷的医疗护理:在线健康和医疗服务模式使老年人能够在家中轻松获得医疗护理。他们可以与医生和护理人员进行视频会诊,获取医学建议,咨询处方,而无须前往医疗机构。

医学监测:通过远程医疗设备和传感器,医生可以定期监测老年人的生命体征和健康状况,有助于早期发现潜在的健康问题,并及时干预,从而降低医疗风险。

个性化护理计划:在线健康和医疗服务模式可以根据老年人的健康状况和需求制订个性化的护理计划。确保了老年人获得符合其独特情况的护理。

药物管理:老年人可以通过在线平台轻松管理其药物,包括处方药和非处方药。减少了用药错误的风险,同时提供了用药提醒和补充服务。

减少出行和等待时间:在线医疗服务减少了老年人前往医院或诊所的需要,减少了出行的不便和等待医疗服务的时间。

社交支持:通过在线医疗服务,老年人可以保持与医生和护理人员的联系,获得情感支持和定期检查。对于心理健康和社交互动非常重要。

可及性和包容性:在线健康和医疗服务模式可以适应各种老年人的需求,包括那些行动不便或居住在偏远地区的老年人。

经济效益:相对于传统的医疗护理方式,在线服务通常更经济,因为它减少了医疗机构的成本,同时减轻了老年人的经济负担。

在线健康和医疗服务模式在适老产业中具有重要意义。它利用了现代科技的便利性,满足老年人的医疗需求,同时提供了高度个性化的医疗护理。这一模式不仅提高了医疗效率,还降低了医疗风险,同时提供了社交支持,提升了就医的便捷性。老年人可以更轻松地获得医疗护理,减少了出行和等待的不便。总的来说,在线健康和医疗服务模式为老年人提供了更便捷、高效和个性化的医疗护理,可以提高他们的生活质量和幸福感。

(六)数字化社交和娱乐模式

数字化社交和娱乐模式是适老产业中的一种创新发展模式,旨在满足老年人的社交和娱乐需求。这一模式利用数字技术和互联网平台,为老年人提供了全新的社交互动和娱乐体验,同时促进认知刺激。以下是对数字化社交和娱乐模式的深入探讨。

在线社交平台:老年人可以通过在线社交平台与家人、朋友和其他老年人建立联系,分享生活经历、照片和消息。有助于他们保持社交互动。

数字化娱乐内容：数字化社交和娱乐模式提供了各种数字化娱乐内容，包括电影、音乐、有声书、电子杂志和新闻。老年人可以在家中享受各种娱乐活动，无须外出。

认知游戏和学习应用：许多认知游戏和学习应用专门为老年人设计，旨在提高大脑活动能力和认知能力。这些应用可以帮助老年人保持精神敏锐。

虚拟旅行和文化体验：老年人可以通过虚拟旅行体验不同国家的文化，探索博物馆、艺术画廊和历史遗迹。这为他们提供了文化启发和娱乐的机会。

在线课程和技能培训：老年人可以通过在线课程学习新技能、语言、手艺等。有助于他们继续学习和培养兴趣爱好。

社交支持和互助：数字化社交和娱乐平台促进了老年人之间的社交互动和互助。他们可以相互支持，共同面对生活的挑战。

可访问性和包容性：这些平台通常考虑到老年人的需求，提供易于使用的界面和大字体，以确保可访问性和包容性。

经济效益：数字化社交和娱乐模式通常经济效益显著，因为许多应用和服务是免费提供的，或者价格相对较低。

数字化社交和娱乐模式为老年人提供了丰富多彩的社交互动和娱乐体验，同时也促进了认知刺激。对于老年人的心理和情感健康非常重要，尤其是当他们面临社交孤立的风险时。这一模式为老年人提供了机会，使其可以继续参与社交活动、学习新技能、享受娱乐和文化体验，从而提高他们的生活质量和幸福感。数字化社交和娱乐模式不仅给老年人带来了乐趣，还为他们提供了社交支持和认知刺激，以促进积极老龄化。

（七）金融服务模式

金融服务模式是适老产业中的一种重要发展模式，旨在提供广泛的金融产品和服务，以确保老年人的经济安全。这一模式考虑到老年人的特殊需求，包括退休金规划、养老金管理、长寿保险、财务规划、风险管理和遗产规划等方面。以下是对金融服务模式的深入探讨。

退休金规划：金融服务模式可以帮助老年人规划退休金，包括制定储蓄和投资策略，以确保他们在退休后有足够的资金维持生活。

养老金管理：老年人通常拥有多个养老金来源，包括社会保障、企业退休金、个人储蓄计划等。金融服务可以帮助他们管理这些资产，确保养老金的最佳使用。

长寿保险：长寿保险是一种特定类型的保险，旨在为老年人提供长期护理和医疗费用的保障。金融服务可以帮助老年人选择适合其需求的长寿保险计划。

财务规划：金融服务模式涵盖了全面的财务规划，包括预算管理、债务管理、税务筹划和遗产规划等。有助于老年人保持财务健康。

风险管理：老年人可能面临不同类型的财务风险，如投资风险、医疗费用风险和法律风险。金融服务可以帮助他们理解和管理这些风险。

遗产规划：金融服务模式还可以帮助老年人规划遗产，包括遗嘱编制、赠予策划和资产转移等方面。有助于确保资产在老年人去世后按其意愿分配。

教育和咨询：金融服务提供教育和咨询，使老年人更好地理解金融市场和产品，以便能够做出明智的金融决策。

可访问性和包容性：金融服务通常考虑到老年人的需求，提供易于理解的金融产品和服务，以确保可访问性和包容性。

经济效益：金融服务模式有助于老年人合理规划和管理金融资源，最大限度地减少金融风险。

金融服务模式在适老产业中居于关键地位，因为老年人的经济安全对其整体幸福感和生活质量至关重要。通过提供专门的金融产品和服务，这一模式确保老年人能够管理其金融资源，降低金融风险，同时规划其退休生活和遗产。金融服务为老年人提供了安全感和财务稳定性，有助于实现积极老龄化，提高其生活质量。

（八）老年人友好型交通模式

老年人友好型交通模式是适老产业中的一种重要发展模式，它致力于提供无障碍、便捷的交通，以满足老年人的出行需求。这一模式考虑到老年人的特殊需求，旨在确保他们能够轻松安全地出行，参与社会活动和享受生活。以下是对老年人友好型交通模式的深入探讨。

无障碍交通工具：这一模式提供适合老年人的无障碍交通工具，如低地板公交车、便携式坡道和轮椅出租服务。这些工具使老年人能够更容易上下车,减少了跌倒和受伤的风险。

便捷的搭乘服务:老年人友好型交通模式通常提供便捷的搭乘服务,包括预约制度、定点接送服务和优先搭乘权。这些服务可以减少等待时间和不便,优化老年人的出行体验。

导航和信息支持:这一模式包括了老年人友好型导航应用和信息支持,帮助老年人计划和导航他们的出行。有助于降低迷路的风险,确保他们安全抵达目的地。

社交互动:老年人友好型交通模式鼓励社交互动。公共交通中的社交区域和团体旅行活动可以帮助老年人建立联系,减轻社交孤立感。

培训和支持:这一模式提供培训和支持,以帮助老年人更好地利用交通工具和服务。包括使用智能手机应用软件、购票、了解时间表等方面的培训。

安全措施:老年人友好型交通模式强调安全性。包括车辆安全措施、安全带和紧急通信设备,以确保老年人出行的安全。

可访问性和包容性:这一模式考虑到老年人的行动不便、听力障碍和视觉问题,提供相应的可访问性和包容性措施,以确保所有人都能享受出行的权利。

环保因素:老年人友好型交通模式也强调环保,包括提供电动交通工具、减少废弃物和污染。

老年人友好型交通模式对老年人生活的独立性至关重要。它使老年人能够访问医疗机构、购物和参与社会活动,从而减少了社交孤立感和健康风险。这一模式不仅为老年人出行提高了便捷性,还为他们提供了社交互动和社区参与的机会,有助于实现积极老龄化。通过确保老年人能够轻松、安全地出行,老年人友好型交通模式提高了他们的生活质量和幸福感,对老年人、家庭和社会都具有重要意义。

(九)教育和培训模式

教育和培训模式是适老产业中的一种重要发展模式,旨在满足老年人的学习需求,提供继续教育、技能培训和认知训练。这一模式鼓励老年人终身学习,以提高他们的知识水平、技能和认知能力。以下是对教育和培训模式的深入探讨。

继续教育:教育和培训模式为老年人提供了机会,使其可以继续学习新知识、探索新领域和提高学历。有助于老年人保持智力活跃,拓宽知识面。

技能培训:老年人可以参与各种技能培训课程,包括计算机技能、手工艺、烹饪和语言学习等。这些技能培训有助于提高老年人的自信心和自主性。

认知训练:教育和培训模式还提供认知训练,如记忆游戏、智力挑战和大脑健身活动。有助于提高认知能力,延缓认知衰退。

在线学习和课程:随着数字技术的发展,老年人可以在线学习,无须离开家。提供了便捷的学习方式,尤其适合行动不便或居住在偏远地区的老年人。

健康和健康教育:老年人可以通过教育和培训模式获得健康教育,学习如何保持身体健康、管理慢性疾病和形成健康的生活方式。

文化和艺术:老年人可以参与文化和艺术课程,如绘画、音乐、舞蹈和戏剧等。

社交互动:教育和培训模式鼓励社交互动。老年人可以与同龄人一起学习,分享经验和建立联系,有助于减轻社交孤立感。

心理支持:教育和培训模式提供心理支持,帮助老年人处理学习过程中的挑战,如焦虑、自我怀疑和学习障碍。

经济效益:继续教育和技能培训可以增加老年人的就业机会,提高其经济独立性,对那些希望继续工作或寻找附加收入的老年人尤其重要。

教育和培训模式的目标是使老年人可以继续学习、发展技能、提升认知能力和享受学习的乐趣。有助于老年人保持精神活跃,积极参与社会活动,提高生活质量,并实现积极老龄化。通过鼓励老年人不断学习,有助于延缓认知衰退,增加自信心,并为他们的未来创造更多可能性,对个人、社会和社区都具有长远的积极影响。

(十)智能科技产品模式

适老产业的智能科技产品模式是近年来快速发展的一种模式,它主要依赖于先进的科技产品和技术,为老年人提供更加便捷、高效、个性化的服务。以下是对智能科技产品模式的详细介绍。

核心目标:智能科技产品模式的核心目标是通过运用先进科技手

段,解决老年人在生活中的各种难题,提升他们的生活质量,并使他们能够更加独立、安全地生活。

主要产品与服务:

①智能家居:包括智能照明、智能门锁、智能温控等设备,可以通过语音控制或手机 App 进行操作,使老年人在家中的生活更加便捷。

②健康监测设备:如可穿戴设备、智能血压计、血糖仪等,这些设备可以实时监测老年人的健康状况,并将数据同步到手机或云端,以便老年人和医护人员随时查看。

③紧急救援系统:通常包括紧急呼叫按钮或吊坠,当老年人遇到危险或突发情况时,可以一键呼叫救援。

④智能陪伴机器人:能够提供语音交互、提醒用药、娱乐等多种功能,为老年人提供陪伴和关怀。

技术运用:这种模式充分运用了大数据、物联网、AI 等先进技术。例如,通过大数据分析,可以更精准地了解老年人的需求和健康状况,为他们提供个性化的服务。物联网技术确保了各种设备之间的互联互通,使老年人的生活更加便捷。

个性化与定制化:智能科技产品模式强调产品的个性化和定制化。不同的老年人有不同的需求。通过科技手段,该模式可以为每位老人量身定制适合他们的产品和服务。

与传统服务模式的结合:尽管智能科技产品给老年人带来了很多便利,但人的关怀和温暖是无法替代的。因此,这种模式通常与传统的居家护理、社区护理等模式相结合,确保老年人在享受科技带来的便利的同时,也能得到人性化的关怀。

总的来说,适老产业的智能科技产品模式为老年人提供了更多现代化的解决方案,使他们的生活更加便捷、安全和舒适。但同时,我们也应注意到老年人的数字鸿沟问题,确保他们在享受科技带来的好处时,不会因此而感到孤立和困惑。

第三节　适老产业的政策与法规

一、适老产业的相关政策

养老保障领域：近年来，我国养老服务领域政策密集出台，养老服务体系建设不断加强。2013年9月，国务院发布《国务院关于加快发展养老服务业的若干意见》，提出要充分发挥社会力量的主体作用，通过简政放权，创新体制机制，把社会力量管用的政策落实到位，调动社会力量参与养老服务业的积极性。2015年11月，国务院办公厅转发卫生计生委等九部门《关于推进医疗卫生与养老服务相结合的指导意见》，提出进一步扩大医养结合服务供给，加快建立政策引导、社会参与、市场推动的医养结合体制机制和有效运行保障机制。此外，国家还出台了一系列支持养老服务业发展的政策措施，如《关于支持整合改造闲置社会资源发展养老服务的通知》等。

社会救助领域：我国自2007年开始实行农村最低生活保障制度，此后，国务院又在2012年出台了《国务院关于进一步加强和改进最低生活保障工作的意见》。此外，我国还制定了受灾人员救助、医疗救助、教育救助、住房救助、就业救助和临时救助等制度。

养老服务领域：我国政府积极推动养老服务事业发展，出台了一系列政策文件。例如，《国务院关于加快发展养老服务业的若干意见》《关于推进医疗卫生与养老服务相结合的指导意见》等。这些政策文件明确了发展目标、重点任务和保障措施，为养老服务事业的发展提供了政策支持和保障。

老龄产业领域：2015年，国务院办公厅发布了《国务院办公厅关于创新投资管理方式建立协同监管机制的若干意见》，提出要"创新老龄事业和老龄产业融合发展体制机制"。此外，工业和信息化部等五部门发布了《关于促进老年用品产业发展的指导意见》，提出了一系列政策措施，以促进老年用品的供给。

健康产业领域：我国政府积极推动健康产业的发展，出台了一系列政策文件。例如，《"健康中国2030"规划纲要》《国务院办公厅关于加快发展商业健康保险的若干意见》《中共中央 国务院关于促进中医药传承创新发展的意见》等。这些政策文件明确了发展目标、重点任务和保障措施，为健康产业的发展提供了政策支持和保障。

旅游休闲领域：随着老龄化进程的加快，老年人的旅游休闲需求不断增加。我国政府积极推动旅游休闲产业的发展，出台了一系列政策文件。例如，《国民旅游休闲纲要（2013—2020年）》《国务院办公厅关于进一步促进旅游投资和消费的若干意见》等。这些政策文件明确了发展目标、重点任务和保障措施，为旅游休闲产业的发展提供了政策支持和保障。

总之，随着老龄化进程的不断加速，我国政府在适老产业方面出台了一系列政策文件，涉及养老保障、社会救助、养老服务、老龄产业、健康产业、旅游休闲等领域。这些政策文件明确了发展目标、重点任务和保障措施，旨在推动适老产业的发展，为老年人提供更好的生活和服务。

二、适老产业的相关法规

养老服务领域：我国政府出台了一系列与养老服务有关的法规和标准。例如，2013年国务院发布的《国务院关于加快发展养老服务业的若干意见》提出，要加强养老服务设施建设，完善相关标准和规范，提高养老服务质量。此外，民政部还发布了一系列与养老服务有关的政策法规，如《养老机构管理办法》《老年人社会福利机构基本规范》等。

医疗卫生领域：我国政府发布了一系列与老年人医疗卫生服务有关的法规和标准。例如，2015年国务院发布的《关于推进医疗卫生与养老服务相结合的指导意见》提出，要加快推进医疗卫生与养老服务相结合，为老年人提供全方位、全周期的健康服务。

社会福利领域：我国政府发布了一系列与老年人社会福利有关的法规和标准。例如，2008年民政部发布的《老年人社会福利机构基本规范》提出，要建立完善的老年人社会福利制度，为老年人提供全方位的社会福利服务。此外，各级政府还出台了一系列与老年人优待和权益保护有关的政策法规，如《中华人民共和国老年人权益保障法》等。

产品质量领域：我国政府发布了一系列与老年人用品和相关产品

有关的质量标准。例如,国家市场监督管理总局发布了《适用于老年人的家用电器通用技术要求》,对家用电器的稳定性提出了要求。此外,国家还发布了一系列与老年人食品、药品、康复辅具等相关的质量标准,以保障老年人的健康和安全。

总之,适老产业的相关法规涉及产品质量、科技支持、商业保险、文化旅游等领域。这些法规的出台和实施,旨在促进适老产业的发展,提高老年人的生活品质和福利水平。同时,也保障了老年人的合法权益,推动了社会的和谐稳定和繁荣发展。

第四章

我国适老产业发展现状分析

第一节 适老产业的市场开发与机遇

一、我国适老产业的市场开发现状

(一)养老市场格局

我国作为世界上人口最多的国家之一,面临着人口老龄化的问题。为了应对这一问题,国家提出了"9073"养老模式结构,即90%左右的老年人都居家养老,7%左右的老年人依托社区支持养老,3%的老年人入住机构养老。然而,实际上的养老市场格局与这一理想模式存在一定的差距。

首先,从当前的数据来看,中国的养老市场主要由居家养老、社区养老和机构养老三部分构成。然而,居家养老所占的市场份额远高于其他两者,而社区养老和机构养老分别只占据了较少的市场份额。这与"9073"模式存在显著的差异。

其次,我们深入地分析这个现象。为什么居家养老会占据如此高的市场份额?一方面,由于传统观念的影响,大多数老年人更倾向于在家中安享晚年,而不是住在养老机构。另一方面,由于养老机构的数量有限,且服务质量参差不齐,许多老年人对机构养老并不感兴趣。然而,仅仅依靠居家养老是无法满足所有老年人的养老需求的。一些身体状况较差、生活不能自理的老年人,他们需要更为专业的照料和护理。当前,我国养老市场的供给明显无法满足这些老年人的需求。同样,社区养老的发展也面临着诸多挑战。社区养老需要整合和利用社区资源,包括医疗、康复、文娱等各方面。目前,我国社区养老服务的提供还处于初级阶段,服务内容和质量都有待提高。对于机构养老,尽管只占据了市场份额的1%,但它的发展直接关系到无法居家养老的老年人的生活质量。目前,我国的养老机构大多以民办为主,服务质量参差不齐,且价格较高,对于许多老年人来说负担过重。

(二)老龄化人口

近年来,我国的人口老龄化问题日益凸显,65岁以上老年人口的比例在过去几年中持续上升。从2015年的9.3%上升至2022年的14.9%,短短几年内,这一比例增加了5.6个百分点。这个趋势预示着我国社会正在步入一个老龄化程度逐渐加深的时代。

首先,我们需要理解这个现象背后的原因。其中包括了生育率的下降、生活水平的提高以及医疗技术的进步等。由于这些因素,我国的人口结构正在发生深刻的变化,老年人的人口数量占总人口的比例持续上升。

对于未来的预测,有专家认为到2028年,我国养老市场规模或将达到30万亿。这个数字的背后,既包括了对养老需求的增加,也包括了老年人口的增加以及老龄化进程的加速。可以预见,未来的养老市场将是一片庞大的蓝海,吸引着众多的投资者和参与者。

当然,老龄人口的增加也带来了一些挑战。比如,满足老年人的养老需求,提供足够的医疗保障,应对人口老龄化时代的社会经济压力等问题,这些都是必须要面对和解决的问题。

然而,也有一些人看到了老龄化带来的机遇。比如,随着老年人口的增加,相关的服务业将会得到发展,包括养老服务、医疗保健、旅游休闲等。同时,随着技术的进步,我们也有可能开发出更多适合老年人的产品和服务,如智能养老、远程医疗等。

(三)养老服务机构和设施

我国的养老服务机构和设施在近年来得到了显著的发展,机构数量和设施数量不断增加。从2018年到2022年,全国养老服务机构数量由16万增长至36万。这个数字虽然还不能完全满足我国老年人口的需求,但已经相当庞大,表明了养老服务行业的发展势头强劲。

养老服务机构包括养老院、敬老院、老年公寓、护理院等多种类型,为老年人提供了多样化的居住选择和照料服务。这些机构通常由政府、社会或个人经营,提供的服务内容包括日常生活照料、医疗护理、康复服务、心理支持等。

在这些养老服务机构中,公办养老机构是其中的主导力量,为广大老年人提供了价格相对较低的服务。此外,近年来民办养老机构也得到了快速发展,成为养老服务市场的重要力量。这些机构在满足不同层次老年人的养老服务需求方面发挥了重要作用。

除了养老服务机构外,各类养老设施也是养老服务的重要组成部分。这些设施包括老年活动中心、老年大学、养老社区等,为老年人提供了更为全面的养老服务。这些设施通常设在社区或老年人聚集的地方,方便老年人参与各类活动和享受各种服务。

(四)养老产业链

我国的养老产业链随着老龄人口的增长和养老需求的增加,正在逐渐成熟和完善。这个产业链的核心是养老服务,向上可以延伸到医疗器械、食品药品、智能软件等产业,向下则涵盖了老年群体及相关营销平台。

在上游,医疗器械、食品药品以及智能软件等产业在养老产业链中扮演着重要角色。医疗器械行业为养老服务提供了各种健康监测设备和康复设备,如血压仪、血糖仪、助行器、康复训练设备等,这些设备能够及时有效地监测老年人的健康状况并提供相应的康复帮助。食品药品行业则提供了一系列针对老年人的特殊食品和药品,如保健品、营养品、特殊用途的药品等,这些产品为老年人的健康提供了有力保障。智能软件通过技术手段,为养老服务提供了更加便捷和高效的服务方式,如智能化的健康监测、智能化的服务预约等,极大地提升了养老服务的体验。

在中游,提供养老服务的各类养老企业处于核心地位。这些企业通过整合上游的资源,结合自身的服务能力,为老年人提供全方位的养老服务。这些服务包括日常生活照料、医疗护理、康复服务、心理支持等,能够满足不同层次、不同需求的老年人的养老需求。

在下游,广大老年群体及相关营销平台占主导地位。老年人在选择养老服务时,可以通过相关的营销平台进行比较和选择。这些平台通过提供多样化的服务选择、价格透明化、服务质量评价等方式,为老年人和养老服务之间搭建了一座桥梁,使老年人在选择养老服务时更加放心和便捷。

(五)智慧健康养老设备

智慧健康养老设备在养老产业链中扮演着重要的角色,它们是推动养老服务向智能化、高效化、个性化发展的重要手段。随着医疗产业的不断发展,智慧健康养老设备的市场前景广阔,正在成为新的经济增长点。

2022年,工业和信息化部、民政部和卫生健康委共同组织申报了《智慧健康养老产品及服务推广目录(2022年版)》,旨在推动智慧健康养老设备的发展和应用,提高养老服务的质量和效率。在这个目录中,明确了智慧健康养老产品的分类目录,包括智能健康监测设备、智能养老服务软件、智能家居设备、智能康复设备等。

智能健康监测设备是智慧健康养老设备的重要组成部分,它们能够实时监测老年人的身体状态和健康情况,包括血压、血糖、心率等生理参数,以及睡眠质量、情绪状态等心理参数。这些设备的监测数据可以通过智能养老服务软件进行数据分析和处理,帮助医护人员更好地了解老年人的身体状况,为老年人提供个性化的健康管理和医疗服务。

智能养老服务软件是智慧健康养老设备的另一个重要组成部分,它们通过互联网、大数据、人工智能等技术手段,为老年人提供更加便捷、高效、个性化的服务。这些服务包括远程医疗、在线咨询、安全监控、紧急求助等,帮助老年人更好地解决日常生活中的问题和困难。

智能家居设备和智能康复设备也是智慧健康养老设备的重要组成部分。智能家居设备可以通过智能化控制和自动化管理为老年人的生活提供便利和舒适。智能康复设备则是针对老年人的康复需求而设计的,它们能够辅助老年人进行各种康复训练和运动,提高老年人的生活质量和自理能力。

二、我国适老产业的市场机遇

（一）老年人口增加带来的养老服务需求增长

我国适老产业的市场机遇随着老年人口数量的不断增加而到来。这种趋势不仅为养老服务需求增长提供了强大的动力，同时也为适老产业提供了广阔的市场机遇。

老年人口增长带来的养老服务需求增加是显而易见的。老年人的数量增多，对养老服务的需求也随之增长。包括养老院、护理机构、社区养老服务、老年健康管理等方面的服务，这些领域都有着巨大的市场需求，为适老产业的发展提供了广阔的空间。养老院和护理机构是养老服务的重要组成部分，其需求量随着老年人口的增加而增长。老年人在养老院可以得到全面的照顾和护理，包括日常生活照料、医疗护理、康复训练等。同时，养老院也为老年人提供了一个温馨、舒适、安全的居住环境，让他们感受到家庭一样的温暖。

除了养老院和护理机构外，社区养老服务也是老年人所需要的重要服务之一。社区养老服务可以为老年人提供方便、贴心、个性化的服务，包括家政服务、康复训练、医疗保健等。这种服务模式可以让老年人在自己的家中得到照顾和帮助，同时也减轻了家庭照顾的负担。另外，老年健康管理也是老年人所需要的重要服务之一。老年健康管理可以帮助老年人更好地管理自己的健康，预防和治疗疾病，包括健康体检、心理咨询、营养指导等方面的服务。通过老年健康管理，可以让老年人在晚年保持健康、快乐的生活状态。

（二）养老服务升级和改进的需求

我国适老产业的市场机遇并不仅仅局限于老年人口增长带来的养老服务需求增加。在养老服务逐步发展的同时，养老服务的升级和改进也带来了新的市场机遇。尽管我国的养老服务正在逐步发展，但还存在一些问题，如服务质量参差不齐、服务内容单一等。这些问题不仅影响了老年人的生活质量，也制约了养老服务的发展。因此，养老服务的升级和改进是必要的，这也是适老产业所面临的重要任务。

适老产业可以通过多种方式实现养老服务的升级和改进。

首先,提高服务质量是其中的一个关键环节。适老产业可以通过引入先进的养老服务理念和技术手段,提高养老服务的质量和效率。适老产业可以通过引入现代化的管理手段和技术手段,提高服务效率和质量。例如,采用信息化管理系统、智能化养老服务平台等方式,实现服务流程的优化和再造,提高服务效率和服务质量。

其次,增加服务内容也是养老服务升级和改进的重要方向。适老产业可以结合老年人的需求和特点,开发出更多元化、个性化的服务项目。例如,开展文化娱乐活动、社交互动、旅游观光等方面的服务,提升老年人的生活质量和幸福感。同时,提高服务效率也是养老服务升级和改进的关键。

(三)老年人医疗保健需求增加

我国适老产业的市场机遇还表现在老年人医疗保健需求的增加。老年人的医疗保健需求相对较高,随着健康意识的提高,老年人慢性病管理、康复护理、医疗设备和技术等方面的服务都可能得到提升和发展。

首先,慢性病管理是老年人医疗保健需求的重要方面之一。随着年龄的增长,老年人的身体机能逐渐衰退,容易出现高血压、糖尿病等慢性疾病。这些慢性疾病需要长期管理和照顾,因此,慢性病管理服务的需求在不断增长。适老产业可以开发和提供更为先进、便捷的慢性病管理服务,如通过远程医疗、健康监测等手段,为老年人提供及时、准确的健康管理和咨询服务。

其次,康复护理也是老年人医疗保健需求的重要方面之一。老年人在身体机能衰退的过程中,需要进行各种康复训练和护理,以保持身体机能的稳定和恢复健康。适老产业可以开发和提供更为个性化、专业的康复护理服务,如针对老年人的身体状况和需要,提供专业的康复训练、护理服务以及相应的技术支持。

最后,医疗设备和技术也是老年人医疗保健需求的重要方面之一。老年人在医疗保健方面需要各种各样的医疗设备和技术支持,如医疗影像、病理分析、药物研发等。适老产业可以开发和提供更为先进、实用的医疗设备和技术支持服务,以满足老年人的医疗保健需求。

(四)老年人健康管理和养生保健需求增加

我国适老产业的市场机遇还表现在老年人对健康管理和养生保健需求的增加。随着老年人健康意识的不断提高,他们更加注重健康和生活品质的提升。因此,健康管理、健康咨询、康复护理、养生保健品等相关产业有望迎来发展机遇。

首先,健康管理是老年人非常关注的一个领域。老年人更加注重自身的健康状况,希望能够通过科学的方法来管理和维护自己的健康。因此,健康管理服务市场前景广阔,适老产业可以开发和提供更为个性化、精准的健康管理服务,如针对老年人的身体状况和健康需求,提供定制的健康管理方案、营养指导、运动建议等。

其次,健康咨询也是老年人所需要的重要服务之一。老年人需要得到专业的健康咨询服务,以解决日常生活中遇到的各种健康问题。适老产业可以开发和提供更为便捷、专业的健康咨询服务,如通过电话咨询、网络咨询、现场咨询等方式,为老年人提供及时、准确的健康咨询服务。

再次,康复护理也是老年人所需要的重要服务之一。老年人在身体机能衰退的过程中,需要进行各种康复训练和护理,以保持身体机能的稳定和恢复健康。适老产业可以开发和提供更为个性化、专业的康复护理服务,如针对老年人的身体状况和需要,提供专业的康复训练、护理服务以及相应的技术支持。

最后,养生保健品也是老年人关注的一个领域。老年人注重养生保健,希望通过使用各种保健品来维护身体的健康。适老产业可以开发和提供更为科学、安全的养生保健品,如针对老年人的身体状况和需要,提供定制的保健品推荐和服务。

(五)老年人金融和保险服务需求增加

我国适老产业的市场机遇还表现在老年人金融和保险服务需求的增加。随着老年人口数量的不断增加,老年人对金融和保险服务的需求将大幅增加。在养老服务逐步发展的同时,养老金、健康保险、长期护理保险等方面的服务将成为发展的重点。

首先,养老金是老年人金融和保险服务需求的重要方面之一。随着年龄的增长,老年人需要足够的养老金来维持日常生活。适老产业可以开发和提供更为个性化、便捷的养老金服务,如通过设立专门的养老金管理机构、开发养老金保险产品等方式,为老年人提供更为安全、稳定的养老金服务。

其次,健康保险是老年人金融和保险服务需求的另一个重要方面。老年人在面对各种疾病和医疗问题时,需要得到及时的健康保险保障。适老产业可以开发和提供更为全面、个性化的健康保险服务,如根据老年人的身体状况和健康需求,提供定制的健康保险产品和服务。同时,长期护理保险也是老年人金融和保险服务需求的另一个重要方面。老年人在需要长期护理服务时,需要全面的长期护理保险。适老产业可以开发和提供更为灵活、全面的长期护理保险服务,如针对不同的护理需求和身体状况,提供定制的长期护理保险产品和服务。

(六)老年人旅游和休闲文化需求增加

我国适老产业的市场机遇还表现在老年人旅游和休闲文化需求的增加。老年人相对更有时间和财力参加旅游和休闲活动,因此,老年旅游、养老度假村、教育培训等相关产业迎来了发展机遇。

首先,老年旅游是老年人旅游和休闲文化需求的重要方面之一。老年人有更多的时间和财力去旅游,去感受不同的文化。适老产业可以开发和提供更为个性化、舒适的老年旅游服务,如针对老年人的身体状况和旅游需求,提供定制的旅游线路和服务,创造更加贴心、周到的旅游体验。

其次,养老度假村也是老年人旅游和休闲文化需求的重要方面之一。老年人在旅游的同时,也需要得到全面的照顾和护理。适老产业可以开发和提供更为舒适、安全的养老度假村服务,如针对老年人的身体状况和旅游需求,提供定制的养老度假村服务,包括住宿、餐饮、医疗、康复等全方位的服务。同时,教育培训也是老年人旅游和休闲文化需求的另一个重要方面。老年人在旅游的同时,需要得到更多的文化滋润和教育机会。适老产业可以开发和提供更为个性化、实用的教育培训服务,如针对老年人的旅游需求和兴趣爱好,提供相关的文化知识、技能培训等课程。

（七）科技和智能养老产业的发展

随着我国人口老龄化趋势的加剧,适老产业迎来了巨大的市场机遇。其中,科技与智能养老产业的发展尤为突出,为老年人提供了更加便捷、高效、个性化的服务,同时也给相关产业带来了新的发展契机。

首先,智能家居设备在适老产业中发挥着重要作用。这些设备能够帮助老年人更好地管理健康和生活,提高生活质量和便利程度。例如,智能照明、智能温控等设备可以通过语音控制或手机 App 进行操作,使老年人在家中的生活更加便捷。同时,智能血压计、智能血糖仪等健康监测设备可以实时监测老年人的身体状况,及时发现异常情况,并与医疗服务机构进行联动,为老年人提供及时的医疗救治。

其次,远程医疗技术为老年人提供了更加便捷的医疗服务。通过远程医疗技术,老年人可以在家中或养老机构接受专业医生的远程诊断和治疗,无须亲自到医院就诊。这不仅节省了老年人的时间和精力,还提高了医疗服务的可及性和质量。同时,医生可以根据实时监测和共享的医疗数据,全面了解和管理老年人的身体状况。这种技术的运用有效地改善了传统医疗服务的局限性,使医疗资源得到更加合理的利用。

另外,人工智能技术在适老产业中具有广泛的应用前景。通过分析医疗数据和老年人健康管理数据,人工智能可以为医生提供更加精准的诊断和治疗建议。同时,人工智能还可以用于老年人的社交、娱乐和旅游等方面。例如,陪伴机器人、智能音箱等设备可以为老年人提供更加智能化、个性化的服务;智能旅游平台可以为老年人定制旅游路线和活动,提供更方便、舒适的旅行体验。这些应用不仅丰富了老年人的生活,也推动了适老产业的创新发展。

综上所述,科技与智能养老产业的发展为我国适老产业带来了巨大的市场机遇。通过智能家居设备、远程医疗技术和人工智能技术的运用,可以为老年人提供更加便捷、高效、个性化的服务,推动适老产业的快速发展。同时,政府、企业和社会各界应共同努力,加大对科技与智能养老产业的支持和投入,为老年人创造更加美好的生活环境。

第二节　适老产业的集群发展与创新

一、打造全产业链模式

随着老龄化社会的加速发展,适老产业作为满足老年人需求的新兴产业,正逐渐成为经济发展的新增长点。其中,集群发展与创新是推动适老产业发展的关键因素之一。通过打造全产业链模式,可以有效地提高养老服务的质量和效率,降低成本,并带动相关产业的发展。以下将以大型养老社区为例,深入探讨适老产业的集群发展与创新。

首先,集群发展能够促进养老产业资源的整合与共享。通过在大型养老社区内建立养老服务、医疗保健、康复护理、文化娱乐等多个模块,可以实现资源的共享与整合,降低运营成本,提高服务效率。例如,养老服务与医疗保健模块的结合,可以为老年人提供及时的医疗与康复服务,减少医疗资源的浪费。

其次,全产业链模式能够促进不同模块之间的协同创新。在大型养老社区中,不同模块的经营者可以通过合作与交流,共同研发新产品与服务,提高养老产业链的创新能力。例如,康复护理与医疗保健模块的结合,可以推动康复护理技术的创新与发展,为老年人提供更加专业的康复服务。

同时,全产业链模式还能够提高养老服务的质量和效率。在大型养老社区中,不同模块的经营者可以通过合作与交流,共同建立标准化的服务体系和流程,提高养老服务的质量和效率。例如,养老服务与文化娱乐模块的结合,可以为老年人提供丰富多彩的文化娱乐活动,增强老年人的生活质量和幸福感。此外,全产业链模式还有利于降低成本。通过资源的整合与共享、协同创新以及提高服务质量和效率等手段,可以降低大型养老社区的运营成本,提高市场竞争力。例如,在养老社区内建立独立的超市和餐厅可以降低老年人的生活成本,提高其生活质量。

二、创新养老模式

随着社会发展和人口老龄化的加速,适老产业需要不断适应市场需求,创新养老模式,以满足日益增长的老年人口的需求。除了传统的居家养老和机构养老模式,联合养老和互助养老等新型养老模式正在悄然兴起。这些创新模式具有降低养老成本、提高服务质量等优点,有望成为未来适老产业的重要发展方向。

首先,联合养老是一种新兴的养老模式。它通过将老年人的住宅进行改造,将生活和娱乐设施集成在一起,为老年人提供互助、自助、自治的养老服务。联合养老模式下的集群住宅可以满足老年人的生活需求,同时可以降低养老成本。它还可以为老年人提供更多的社交和文化活动,增强他们的社会参与感和归属感。

其次,互助养老是一种以社区为基础的养老模式。它通过整合社区内的资源,将老年人的住宅进行改造,提供日间照料、康复护理、文化娱乐等服务。互助养老可以促进老年人与社区居民之间的互动与交流,提高老年人的生活质量,同时可以降低照料成本。此外,互助养老还可以促进社区居民之间的互帮互助,增强社区的凝聚力和归属感。

此外,可穿戴设备、人工智能、远程医疗等技术的不断发展,也为适老产业的养老模式创新提供了更多可能性。例如,可穿戴设备可以实时监测老年人的身体状况,为照料者提供及时、准确的照料依据;人工智能可以辅助照料者完成一些繁重的照料工作,提高照料服务的质量和效率;远程医疗可以为老年人提供及时的医疗救治和健康管理,提高老年人的健康水平和生活质量。

三、加强技术创新

随着科技的进步,人工智能、物联网、大数据等技术创新在适老产业中的应用日益广泛,这些创新技术为提高养老服务的质量和效率,降低成本,提供了强有力的支持。

首先,人工智能在适老产业中有着广泛的应用。例如,通过智能家居设备,如智能音箱、智能血压计等,可以实时监测老年人的健康状况和生活情况。这些设备不仅可以帮助家人更好地了解老年人的生活情况,还可以及时发现异常,以便采取相应的措施。此外,人工智能还可以用于老年人的医疗服务。例如,通过人工智能技术对医疗数据进行分析和处理,可以提供更准确的诊断和治疗建议,提高医疗服务的效率和质量。

其次,物联网技术在适老产业中也发挥着重要的作用。通过物联网技术,可以将老年人的各种健康和生活数据连接到网络上,实现数据的实时监测和分析。例如,通过智能手环、智能手表等可穿戴设备,可以监测老年人的心率、血压等健康数据,以便及时发现异常情况。此外,物联网技术还可以用于老年人的康复护理和照料服务。例如,通过智能康复设备,可以帮助老年人进行康复训练,提高康复效果。同时,大数据技术也为适老产业提供了强大的支持。通过大数据技术对各种养老数据进行挖掘和分析,可以提供更精准的养老服务。例如,通过分析老年人的医疗、康复、照料等数据,可以了解老年人的需求和偏好,为他们提供更个性化的服务。此外,大数据技术还可以用于适老产业的规划和决策。例如,通过对适老产业的数据进行分析和处理,可以帮助政府和企业制定更科学合理的养老政策和发展规划。

四、建立产业联盟

适老产业作为一个新兴的产业,需要建立一个良好的产业生态系统,以促进产业内部的交流与合作,推动整个产业的发展。其中,建立产业联盟是一个重要的手段。通过建立产业联盟,可以有效地整合资源,提高服务质量和效率,为老年人提供更好的服务。

首先,建立产业联盟可以促进产业内部的交流与合作。在联盟内部,企业可以共同探讨适老产业的发展趋势和市场需求,分享经验和资源,实现互利共赢。此外,联盟还可以为企业提供技术交流和人才培养的平台,推动技术创新和产业升级。

其次,建立产业联盟可以有效地提高服务质量和效率。联盟可以帮助企业建立标准化的服务体系和流程,通过资源整合和共享,降低成本,提高服务质量。例如,养老服务联盟可以通过联合采购、联合服务等模式,提高服务效率和质量,降低成本,为老年人提供更好的服务。同时,建立产业联盟还可以促进整个产业的发展。联盟可以通过政策建议和产业规划等方式,推动政府和企业共同关注适老产业发展,加快政策制定和落实,为产业发展提供更多的支持和保障。此外,联盟还可以通过国际合作和交流,引进国外先进的适老产业技术和经验,推动我国适老产业的快速发展。

五、需要政策支持

随着人口老龄化的加速推进,适老产业的发展已成为我国社会经济发展的重要组成部分。然而,这个新兴的产业在发展过程中面临着许多挑战,如资金短缺、服务质量参差不齐等。因此,政府应加强对适老产业的政策支持,以促进其健康、持续发展。

首先,政府应通过财政补贴等措施,鼓励企业进入适老产业。政府可以制定相关的补贴政策,对适老产业相关的企业给予一定的资金支持,以降低其运营成本,提高市场竞争力。同时,政府还可以通过购买服务等方式,支持适老产业的发展,提高老年人的生活品质。

其次,政府应通过税收优惠等措施,鼓励个人和机构投资适老产业。政府可以制定相关的税收优惠政策,对投资适老产业的个人和机构给予一定的税收减免,以增加其投资的积极性。同时,政府还可以通过引导基金等方式,吸引更多的社会资本进入适老产业,促进其快速发展。此外,政府还应加强对适老产业的标准和质量管理体系的建立。通过制定相关的标准和规范,政府可以推动适老产业规范化发展,提高服务质量。例如,政府可以制定养老服务标准和流程,建立养老服务质量管理体系,通过这些标准和规范来提高养老服务的质量和效率。

最后,政府还应加强对适老产业人才培养的支持。适老产业的发展需要有一支专业化、高素质的人才队伍来支撑。政府可以通过资助培训、设立养老服务专业等方式,培养更多的养老服务专业人才,提高适老产业的服务水平和竞争力。

六、进行数字化转型

随着科技的飞速发展,数字化转型在适老产业中的地位日益凸显。引入大数据、云计算、人工智能等数字化技术,能够提升养老服务的精准度和效率,为老年人提供更优质、个性化的照护服务。

首先,数字化转型可以大大提升养老服务的精准度。通过收集和分析老年人的医疗、生活等数据,可以更全面地了解他们的健康状况和生活需求。同时,利用人工智能进行远程健康监测,可以实时了解老年人的身体状况,及时发现并处理健康问题。例如,利用大数据技术对老年人的健康数据进行深度挖掘和分析,可以为他们提供更精准的健康管理和照护服务。

其次,数字化转型还可以提高养老服务的效率。例如,通过人工智能技术,可以实现智能排班、自动提醒等功能,优化养老服务的流程和管理。同时,通过云计算技术,可以实现各类数据的实时共享和协同,让医护人员更高效地为老年人提供服务。此外,虚拟现实、增强现实等技术还可以为老年人提供沉浸式的康复训练和娱乐体验,丰富他们的晚年生活。

最后,数字化转型可以促进适老产业的创新和发展。数字化技术的引入可以推动适老产业的技术创新和模式创新,为产业发展注入新的活力。例如,通过大数据分析和人工智能算法,可以为老年人提供更加个性化的照护服务,满足他们的多样化需求。同时,数字化技术还可以帮助适老产业实现与医疗、康复等产业的深度融合,推动产业集群的发展。

七、提供社区养老服务

随着社会发展和人口老龄化的加剧,社区养老服务已成为适老产业发展的重要趋势。社区养老服务以其便利性、综合性、人性化的特点,逐渐受到老年人和家庭的青睐。

社区养老服务是指在老年人居住的社区内,通过一站式的生活服务,包括购物、餐饮、清洁、医疗等,为老年人提供方便、舒适、安心的生活环境。这种服务模式可以让老年人在自己熟悉的环境中生活,减少离开家庭和社区的不适应感,同时也能得到全面的照顾。社区养老服务的综合性和便利性是其最大的优势。老年人可以在社区内解决生活中的各种问题,如购物、清洁等,无须离家外出或依靠机构提供服务。此外,社区养老服务还可以整合各种资源,包括人力、物力、财力等,为老年人提供全方位的服务。除了提供一站式的生活服务外,社区养老服务还可以促进老年人的社交互动和精神健康。社区内的老年人可以相互帮助、交流经验,形成良好的邻里关系。社区养老服务还可以为老年人提供文化和娱乐活动,丰富他们的精神生活。当然,为了实现适老产业的集群发展与创新,还需要加强社区养老服务的政策支持和技术支持。政府可以制定相关政策,鼓励和支持社区养老服务的发展,同时可以提供资金和技术的支持,帮助社区养老服务提高服务质量和管理水平。

八、创造绿色养老

随着社会发展和人们生活水平的提高,绿色养老已成为适老产业的重要趋势。绿色养老强调在养老服务中融入环保理念,通过采用环保材料、节能减排等措施,打造一个更加健康、舒适、环保的养老环境,让老年人在享受养老服务的同时,充分感受到绿色环保的氛围。

在绿色养老中,环保材料的选择和应用至关重要。环保材料不仅具有对人体健康的保护作用,还能够有效降低对环境的影响。例如,采用低挥发性有机化合物(VOC)建材、无醛家具等环保材料,可以有效减少室内空气污染,提高老年人的居住品质。此外,使用可再生能源和节能设备,如太阳能热水器、LED灯等,不仅能够降低能耗,还能减少对环境的影响。

除了使用环保材料和节能设备外,绿色养老还注重建筑和场地的规划与设计。通过合理的规划和设计,可以充分利用自然光、通风等自然资源,减少对人工照明、空调等能源的依赖。同时,合理规划绿地、花园等户外空间,可以让老年人在室内外都能感受到自然的气息,促进身心健康。

除了创造更加健康、舒适、环保的养老环境外,绿色养老还注重资源的循环利用。例如,建立雨水收集系统,将收集的雨水用于浇花、冲厕所等;建立垃圾分类和资源回收系统,将可回收垃圾进行分类回收利用。这些措施不仅可以减少对资源的浪费,还能够有效降低对环境的影响。

九、开展教育和文化活动

在适老产业的集群发展与创新中,教育和文化活动占据了至关重要的地位。这些活动不仅可以提升老年人的生活质量,还能增强他们的社会参与感,促进身心健康。

首先,教育和文化活动可以丰富老年人的精神生活,提高他们的文化素养。例如,可以开设养生课程,让老年人了解如何保持健康的生活方式,提高生活质量。同时,还可以开设书画课程、音乐课程等,让他们在艺术熏陶中感受生活的美好。这些课程不仅可以让老年人学习新技能,还可以让他们保持社交互动,避免孤独。

其次,教育和文化活动可以促进老年人的社会参与。老年人通过参加各种教育和文化活动,可以结交志同道合的朋友,分享彼此的经验和快乐。同时,这些活动还可以让老年人了解社会的最新动态,增强他们的社会融入感。例如,可以开设计算机课程,让老年人学习如何使用现代科技产品,更好地融入数字化社会。此外,教育和文化活动还可以提高老年人的幸福感。老年人通过参加自己感兴趣的活动,可以感受到生活的乐趣和幸福。同时,这些活动还可以帮助老年人发挥自己的余热,实现自我价值。例如,可以开设志愿服务活动,让老年人在为社会作贡献的同时感受到自己的价值和重要性。

十、引入长期照护保险

随着人口老龄化的加剧,老年人的照护问题成为社会关注的焦点。为了更好地保障老年人的生活,应当引入长期照护保险,为需要长期照护服务的老年人减轻经济压力。

首先,长期照护保险可以为老年人提供全面的照护保障。长期照护服务包括日常生活照料、医疗护理、康复服务等,而长期照护保险可以覆盖这些服务的大部分费用,减轻老年人的经济负担。同时,长期照护保险还可以提供精神慰藉服务,为老年人提供心理支持和关爱。

其次,长期照护保险可以促进适老产业的创新与发展。随着社会的发展,老年人的需求也在不断变化,而长期照护保险能够适应这种变化,推动适老产业的发展和创新。例如,保险公司可以通过引入智能化技术,提高照护服务的质量和效率,同时还可以通过与医疗机构、康复机构等合作,提供一体化的服务模式。

此外,长期照护保险还可以带动相关产业的发展。长期照护保险的推出需要医疗、康复、护理等多个领域的知识和技能,因此可以带动这些相关产业的发展。例如,康复机构可以为老年人提供专业的康复服务,护理机构可以提供专业的护理服务等,这些产业的发展将进一步促进适老产业的集群发展与创新。

第三节　适老产业的智慧化发展与技术应用

一、智能产品系列

（一）智能产品研发

随着科技的快速发展和智能化时代的到来，智能产品的研发和应用已经成为适老产业发展的重要方向之一。智能产品的应用可以为老年人提供更加便利、舒适和安全的生活服务，同时也可以带动相关产业的发展，推动适老产业的智慧化发展。

首先，智能产品的应用可以帮助老年人更加方便地完成日常生活中的各种任务。例如，智能家居设备可以实现自动化控制、远程操作等功能，让老年人在家中自由行动更加方便。智能穿戴设备可以实时监测老年人的健康数据，及时发现异常，为老年人提供及时的救治。这些智能产品的应用，不仅为老年人提供了更多便利，还提高了他们的生活质量。

其次，智能产品的研发和应用可以增强老年人的安全感。智能产品的应用可以通过智能化监测、预警等功能，增强老年人的安全感。例如，智能安全系统可以在老年人发生意外时及时发现并报警，智能健康监测设备可以实时监测老年人的健康状况，及时发现异常。这些智能产品的应用可以让老年人在家中或养老机构中得到更好的照顾和保护，增加他们的安全感。

另外，智能产品的研发和应用可以推动适老产业的智慧化发展。智能产品的应用可以根据老年人的需求提供更加个性化、精准化的服务，满足老年人的多样化需求。例如，通过智能家居设备和智能穿戴设备的普及，适老产业可以为老年人提供更加智能化、个性化的生活服务，提高老年人的生活质量和幸福感。并且，随着人口老龄化的加剧，老年人口的增加也带来了更多的商机。智能产品的研发和应用不仅为老年人提供了更多便利,同时创造了更多的就业机会,可以推动经济的可持续发展。智能产品的研发涉及多个领域的技术,如物联网、传感器、人工智能等,这些技术的不断创新和发展也将进一步推动适老产业的智慧化发展。

为了更好地推动适老产业的智慧化发展,应当积极鼓励和支持智能产品的研发和应用。政府和企业应当加强对老年人使用智能产品的宣传教育和技术培训,提高老年人的数字素养和技能水平。同时,还应当完善相关政策和法律法规,加强对老年人使用智能产品的监管和管理,保障老年人的权益和安全。此外,还应当积极推广智能产品的应用,让更多的老年人受益,推动经济可持续发展。

（二）智能照护

随着人口老龄化的加剧,老年人的照护问题已经成为社会关注的焦点。为了满足老年人的照护需求,适老产业正在积极探索智能照护这一新兴领域。通过物联网、传感器等技术的运用,智能照护可以为老年人提供更加精准、便捷的生活服务,从而提高他们的生活质量。

首先,智能照护可以利用物联网、传感器等技术监测老年人的日常生活和健康状况。通过智能设备,如智能手环、智能血压计等,可以实时收集老年人的生理数据,如心率、血压、血糖等,并将数据通过网络传输到数据中心进行分析和评估。这样,医护人员可以远程监控老年人的健康状况,及时发现异常情况并采取相应的措施,从而实现远程照护。

其次,智能照护还可以通过智能家居设备为老年人提供更加智能化的生活服务。例如,智能音箱可以通过语音识别技术,接收老年人的指令并执行相应的操作,如播放音乐、查询天气等。智能电视可以根据老年人的观看习惯,自动推荐合适的节目,并提供场景自动控制功能,如语音控制、手势控制等。这些智能家居设备不仅提高了老年人的生活质量,还增加了他们的生活乐趣。此外,智能照护还可以为老年人提供个性化的服务。通过大数据分析,可以了解老年人的生活习惯、偏好等,从而为他们提供更加贴合需求的服务。例如,智能家电可以根据老年人的健康状况和生活习惯,自动调节参数,提供最佳的居住环境。

(三)智慧医疗

在医疗领域,智慧化发展与技术的应用已经成为大势所趋。智慧医疗通过运用大数据、云计算等前沿技术,正在彻底改变传统的医疗服务模式,为适老产业的发展注入新的活力。

首先,智慧医疗可以提供更加高效、便捷的医疗服务。通过远程医疗、在线医疗等新型医疗服务模式,智慧医疗可以将医疗资源从医疗机构延伸到家庭、社区,甚至跨越地域,实现全方位的医疗服务。不仅可以提高医疗服务的覆盖率,还可以缓解医疗资源不足的问题,满足老年人日益增长的医疗需求。

其次,智慧医疗可以提高医疗服务的精准度和效果。通过大数据、云计算等技术,智慧医疗可以对海量的医疗数据进行深度分析和挖掘,从而发现隐藏在数据背后的规律和趋势。为医生进行诊断和治疗提供了更加科学、精确的依据,降低了误诊、漏诊的风险,提高了医疗效果。

此外,智慧医疗还可以为老年人提供更加个性化、连续性的医疗服务。通过智能化诊断和治疗,智慧医疗可以根据老年人的身体状况、病史等信息,为其提供定制化的医疗服务。同时,智慧医疗还可以实现医疗数据的实时监测和跟踪,为老年人提供长期的健康管理和预防保健服务。

为了更好地推动适老产业的智慧化发展,应当积极鼓励和支持智慧医疗的研发和应用。政府应当加大对智慧医疗的投入力度,提高医疗服务的智能化水平。同时,还应当完善相关政策和法律法规,规范智慧医疗的发展和应用,保护老年人的隐私和权益。

(四)康复机器人

为了满足老年人的康复需求,康复机器人作为一种新兴的康复技术,已经逐渐走进人们的视野。结合机器人技术和医学知识,康复机器人可以为老年人提供个性化的康复训练,帮助他们更好地恢复身体功能。

首先,康复机器人可以根据老年人的身体状况和康复需求,制订出相应的康复计划。通过机器人的精确测量和评估,可以获取老年人的身体状况、运动功能等详细信息,并根据这些信息为老年人量身定制康复方案。这种个性化的康复训练方式可以更好地满足老年人的需求,提高康复效果。

其次,康复机器人可以为老年人提供安全、高效的康复辅助。机器人的机械臂可以模拟出各种自然动作,帮助老年人进行肢体伸展、弯曲等运动,避免康复过程中的意外伤害。同时,机器人还可以根据老年人的身体状况和康复进展,自动调整训练难度和强度,确保康复训练的科学性和有效性。此外,康复机器人还可以为老年人提供娱乐化的康复体验。通过与游戏、音乐等娱乐元素的结合,康复机器人可以让老年人在轻松愉快的氛围中完成康复训练。这种娱乐化的康复体验可以增强老年人的康复兴趣和动力,提高康复效果。

为了更好地推动适老产业的智慧化发展,应当积极鼓励和支持康复机器人的研发和应用。政府应当加大对康复机器人产业的扶持力度,提高老年人的医疗保障水平。同时,还应当完善相关政策和法律法规,规范康复机器人的发展和应用,保护老年人的隐私和权益。

二、智能化建设

(一)智能化改造

随着互联网和智能手机的普及,老年人对信息获取的需求也越来越高。然而,许多互联网网站和移动互联网应用并未针对老年人的需求进行适老改造,导致老年人在使用这些应用时遇到诸多不便。为了满足老年人的信息获取需求,提高他们的生活质量,适老改造已经成为适老产业发展的重要方向之一。

首先,适老改造可以提高老年人使用互联网网站和移动互联网应用的便利性。通过改造,网站和应用的界面、操作流程等可以被优化,使之更加简洁、直观,方便老年人使用。例如,增大字体、提高对比度、增加语音导航等功能,可以使老年人在使用网站或应用时更加轻松自如。

其次,适老改造可以提高老年人使用互联网网站和移动互联网应用的安全性。老年人往往对网络安全的认知程度较低,容易被不法分子利用。通过对网站和应用的改造,可以增加老年人使用这些应用的安全性。例如,增加身份验证、防诈骗提醒等功能,可以有效地保护老年人的财产安全和个人隐私。此外,适老改造还可以提高老年人使用互联网网站和移动互联网应用的实用性。通过改造,可以增加一些针对老年人的功能,如定时提醒、位置定位、一键拨号等。这些功能可以满足老年人在生活、娱乐、社交等方面的需求,提高他们的生活质量。

为了更好地推动适老产业的智慧化发展,应当积极鼓励和支持适老改造。政府和企业应当加强对老年人使用互联网网站和移动互联网应用的需求调研,了解老年人的实际需求和痛点,为改造提供参考。同时,还应当完善相关政策和法律法规,规范改造的标准和流程,加强对改造质量和安全性的监管和管理。此外,还应当积极推广改造的应用,让更多的老年人受益,推动经济可持续发展。

(二)养老服务平台

为了满足老年人的多样化需求,养老服务产业正在积极探索智慧化发展与技术的应用。其中,建设养老服务平台是重要的一环。通过平台化的运作,可以有效地整合各类养老服务资源,为老年人提供更加便捷、高效、个性化的服务。

首先,养老服务平台可以提供更加便捷的服务。通过在线预订、健康管理、生活缴费等多种功能,老年人可以随时随地管理自己的健康和生活。比如,通过平台,老年人可以随时了解自己的健康状况,在线预约医生、药物等;还可以在线缴纳水电费、话费等生活费用,避免了烦琐的线下流程。

其次,养老服务平台可以提供更加高效的服务。平台通过大数据、云计算等技术,可以实现数据的实时监测和分析,及时发现老年人的需求和问题,为他们提供更加及时、精准的服务。比如,通过数据分析,平台可以预测老年人的健康状况,及时提醒他们注意健康问题;还可以根据老年人的喜好和生活习惯,为他们推荐更加合适的养老服务和产品。此外,养老服务平台还可以提供更加个性化的服务。通过了解老年人的身体状况、家庭情况、生活习惯等信息,平台可以为他们提供定制化的服务方案。比如,针对行动不便的老年人,平台可以提供专门的护理服务和出行服务;针对有特殊疾病的老年人,平台可以提供专门的医疗服务和健康管理方案。

为了更好地推动适老产业的智慧化发展,应当积极鼓励和支持养老服务平台的建设和运营。政府应当制定相关政策和法规,规范平台的运作和发展,并给予一定的资金和政策支持。同时,社会各界也应当积极参与养老服务平台的共建,贡献自己的力量和智慧。

三、技术培训与安全风险甄别

（一）技术培训

随着科技的迅速发展,智能技术已经深入我们的日常生活中。然而,对于许多老年人来说,这些先进的技术可能成为他们生活中的一道难题。由于对智能技术的了解不足,加上视、听、操作等方面的限制,老年人往往在使用智能产品和服务时遇到困难。改变这一现状,加强老年人智能技术运用能力的培训,已经成为适老产业智慧化发展的重要任务之一。

首先,培训内容必须贴近老年人的实际需求。这意味着我们应该深入了解老年人在日常生活中面临的技术难题,然后针对这些问题设计培训内容。例如,可以教授如何使用智能手机进行基本的操作,如拨打电话、发送短信、浏览网页等。还可以介绍如何使用智能家居设备,如智能电视、智能音箱等。培训内容应该以简单易懂的语言呈现,避免使用过多的技术术语,以便老年人能够轻松理解并掌握。

其次,培训形式应该多样化,以适应不同老年人的学习风格和需求。集中课堂教学是一种有效的方式,可以在短时间内向大量老年人传授技术知识。在这种形势下,可以借助投影仪、演示文稿等工具,直观地展示操作步骤和流程。此外,一对一指导也是一种非常有效的方式。这种形式允许培训人员针对老年人的个别问题和需求,提供个性化的解决方案和指导。这种一对一的互动形式能够确保每位老人都能得到及时的帮助和反馈。

最后,定期更新培训内容至关重要。科技在不断发展,新的产品和服务不断涌现。为了确保老年人始终能够接触到最新的科技信息,需要不断更新培训内容,与时俱进。这意味着需要持续关注科技行业的动态,了解新的技术和趋势,然后将这些知识融入培训课程中。通过这种方式,可以确保老年人始终与现代社会保持同步,充分享受科技带来的便利和乐趣。

(二)安全风险甄别能力提升

在智能化时代,信息应用和网络支付已经成为我们日常生活中不可或缺的一部分。然而,随着老年人的数字素养和技能水平的提高,他们也面临着越来越大的安全风险。因此,提升老年人在信息应用、网络支付等方面的安全风险甄别能力,增强反诈防骗意识,已经成为适老产业智慧化发展的重要任务之一。

首先,提升老年人的安全风险甄别能力可以保护他们的财产安全和个人隐私。老年人往往对网络诈骗、恶意软件等安全风险缺乏足够的了解和警惕,容易成为不法分子的目标。通过培训和宣传教育,老年人可以了解各种网络诈骗的手法和恶意软件的危害,从而在使用互联网服务时更加谨慎和警惕。

其次,提升老年人的安全风险甄别能力可以促进社会的和谐稳定。网络诈骗和恶意软件对老年人的财产和个人信息构成了严重威胁,不仅给他们带来了经济损失,还可能引发社会问题。通过提高老年人的安全风险甄别能力,可以减少他们上当受骗的概率,维护社会的和谐稳定。

为了提升老年人的安全风险甄别能力,需要政府、企业和社会各方面的共同努力。政府应当制定相关政策和法律法规,加强对老年人网络安全的宣传教育和技术培训。企业应当开发出更加安全、易用的智能产品和服务,提高老年人的数字素养和技能水平。社会应当加强对网络诈骗和恶意软件的打击力度,营造一个安全、诚信的网络环境。此外,还可以通过多种方式提高老年人的防骗意识。例如,可以通过宣传海报、公益广告、电视节目等方式向老年人普及网络安全知识。可以组织专门的培训课程和讲座,邀请专业人士向老年人介绍各种网络诈骗的手法和防范措施。还可以鼓励老年人参加网络安全知识竞赛和文化活动,提高他们的学习兴趣和参与度。

四、虚拟现实技术

虚拟现实技术,即 VR,是一种可以创建和体验虚拟世界的计算机技术。它通过模拟真实的场景,使用户能够沉浸式体验虚拟世界,并与虚拟环境进行互动。在适老产业中,虚拟现实技术被广泛应用于为老年人提供多样化的娱乐和社交体验中。

首先,虚拟现实技术可以为老年人提供丰富的娱乐体验。通过虚拟现实技术,老年人在家中就能享受到各种沉浸式的娱乐活动。例如,他们可以虚拟参观世界各地的风景名胜,或者置身于远古时代的场景中,感受那里的生活氛围。此外,虚拟现实游戏也是老年人的一大乐趣,他们可以在虚拟世界中与朋友进行有趣的对战,或者在模拟自然环境的场景中进行户外运动。

其次,虚拟现实技术可以为老年人提供社交平台。老年人可以通过虚拟现实技术进行线上社交,与其他老年人在虚拟空间中互动和交流。例如,他们可以在虚拟的咖啡厅中聊天,或者在虚拟的广场上进行集体活动。这种社交方式对于那些不便出门的老年人来说尤其具有重要意义,它能帮助他们维持社交网络,对抗孤独感。此外,虚拟现实技术还可以用于老年人的教育和培训。在虚拟环境中,老年人可以模拟进行各种实际操作,如烹饪、摄影等技能的学习。这种教学方式灵活、生动,老年人更容易接受和理解。

为了推动适老产业的智慧化发展,需要积极鼓励和支持虚拟现实技术的应用。政府和企业应当开发和推广更多适用于老年人的虚拟现实产品和服务,让更多的老年人能够享受到智慧化技术带来的便利和乐趣。同时,政府还需要建立健全相关的法规和政策,以保障老年人的隐私和权益。

第五章

适老服务的发展与创新

第一节 适老服务的概念与范围

一、适老服务的概念

适老服务是一种全面、深入地考虑老年人的各种需求和情况,旨在提高他们的生活质量和社会适应能力的服务理念和体系。这种服务不仅包括对老年人生活环境的适应和改造,还包括对他们的健康、医疗、心理、社交等方面的全方位关照。

适老服务首先强调的是对老年人的尊重和尊严的维护。这表现为对老年人社会地位的认可,以及对其生活习惯、意愿和选择的尊重。适老服务理念认为,老年人是社会的重要部分,社会应当重视老年人对社会的贡献,应将其丰富的人生经验和智慧视为社会的宝贵资源,充分尊重他们的意愿和选择,不应将他们视为弱者或依赖者。在提供适老服务时,应以老年人的需求为出发点,涉及对老年人生理、心理及他们对社会和环境需求的全面理解。老年人的需求并非一成不变,而是随着年龄的增长和社会环境的变化而变化。因此,适老服务应根据老年人的具体情况,提供符合他们生活习惯和身体状况的服务。这样的服务以老年人的需求为基础,充分考虑他们的特点,不仅可以帮助他们解决生活中的困难,还可以让他们感受到社会的温暖和关怀。这种关怀不仅仅能满足他们基本的生活需求,更包括对他们情感、心理和精神需求的关注和满足。通过尊重他们的选择和意愿,可以使老年人感到被社会接纳和尊重,从而提升他们的生活质量和自信心。

其次,适老服务涵盖了多个领域和层面,包括生活环境、健康和医疗以及心理和精神需求等方面。在生活环境方面,适老服务包括对老年人居住环境的改造和优化,涉及对老年人的生活空间进行无障碍设计和改造,如增加无障碍通道、卫生间和浴室的设施改造等,以便帮助他们更好地适应日常生活。此外,为了确保老年人的安全,还应该在住所中设置安全扶手、防滑地毯等设施。同时,家具和卫生设施也应该符合老年人的身体状况和生活需求,如采用便于清洁和维护的卫生设施,设计便于老年人使用的家具等。在健康和医疗方面,适老服务提供全面的健康管理和医疗服务,包括定期进行健康检查,如血压、血糖等基本身体指标的检测,以及针对老年常见疾病的筛查和检测。此外,适老服务还提供专业的康复训练服务,针对老年人的身体状况和康复需求,提供个性化的康复训练计划,帮助他们恢复身体功能、提高生活质量。同时,及时的医疗咨询也是适老服务的重要组成部分,老年人可以通过医疗咨询获得及时的健康指导和建议,以及处理突发疾病和意外伤害的方法和途径。除了生活环境和健康医疗,心理和精神需求也是适老服务关注的重点。老年人面临着退休、失去亲人、社交圈子变化等问题,这些问题可能会对他们的心理健康造成影响。因此,适老服务提供各种心理咨询、情感支持和社交活动,帮助他们排解心理困扰、提高生活质量。例如,专业的心理咨询师可以为老年人提供心理支持和辅导,帮助他们更好地应对生活中的压力和烦恼。同时,社交活动可以帮助老年人建立新的社交圈子、丰富他们的生活内容、提高生活质量。

另外,适老服务具有明显的社会意义,既能够提高老年人的生活质量,也能够促进社会和谐稳定与经济发展。

首先,适老服务能够显著提高老年人的生活质量。通过为老年人提供适老化的居住环境、无障碍设施、安全扶手、家具调整以及医疗咨询等多元化服务,适老服务能够让老年人在晚年享受到更加舒适、便利的生活。这些服务以老年人的需求为出发点,全面考虑他们的生活习惯、身体状况与心理需求,从而让他们感受到社会的温暖和关怀,提高了他们的生活质量。

其次,适老服务有助于促进社会和谐稳定。随着人口老龄化的加剧,社会对于老年人的关注和投入将会越来越多。适老服务强调对老年人的尊重和关爱,通过为老年人提供全方位的服务,呵护他们的心理健康,拓宽他们的社交圈子,帮助他们更好地融入社会。人人发扬"老吾老以及人之老"的中国优秀传统,无疑会增强社会的凝聚力,促进社会的和谐发展。同时,适老服务也提供了一个平台,让社会各界都能够参与到关爱老年人的行动中来,进一步推动社会的和谐与稳定。此外,适老服务还能够带动相关产业的发展,创造更多的就业机会,推动经济的可持续发展。随着老龄化趋势的加剧,老年人的需求日益增长,这为适老服务提供了广阔的市场和发展空间。这些服务包括但不限于老年人照护服务、健康管理、医疗咨询、心理咨询等,这些服务的提供不仅能够满足老年人的需求,同时也为社会创造了更多的就业机会。特别是一些专业的老年人照护服务,如养老院、康复中心等机构,需要大量的专业人才来提供服务,从而为就业市场带来了新的活力。

二、适老服务的范围

(一)家庭保健服务

适老服务是指为老年人提供的一系列服务,以满足他们在生活中的各种需求。在这些服务中,家庭保健服务是尤为重要的一项,它涵盖了多个方面,以确保老年人在家中能够享受到全面、贴心的照顾。

首先,家庭保健服务包括定期为老年人进行身体健康检查。这些检查通常由专业医护人员上门进行,他们会为老人进行全面的身体检查,包括测量血压、血糖、心率等指标,以确保老人良好的身体状况。此外,医护人员还会根据老人的身体状况,为他们提供个性化的健康建议,帮助他们预防疾病、保持健康。

其次,除了身体健康检查,家庭保健服务还包括为老年人提供心理关爱。老年人往往面临着孤独、焦虑等问题,需要专业的心理辅导师为他们提供心理疏导。心理辅导师会与老人建立信任关系,倾听他们的心声,帮助他们排解情绪,以保持良好的心理状态。在日常生活中,家庭保健服务还为老年人提供生活照料,包括协助老人进行日常起居,如起床、洗漱、穿衣等。对于行动不便的老人,服务人员还会为他们提供轮椅推行、床铺整理等服务,以确保他们的生活环境整洁、舒适。在饮食方面,家庭保健服务会为老人提供营养餐。这些餐品根据老人的身体状况和营养需求定制,确保他们摄入充足的营养。同时,服务人员还会关注老人的饮食习惯,为他们提供合理的饮食建议,帮助他们保持健康的饮食习惯。

最后,家庭保健服务还包括为老年人提供紧急救援。一旦老人遇到突发状况,如摔倒、突发疾病等,服务人员会迅速上门提供救助,并联系专业医疗机构进行进一步救治。这种紧急救援服务能够确保老年人在遇到危险时得到及时救助,最大限度保障他们的生命安全。

（二）日常生活帮助

适老服务中的日常生活帮助服务旨在满足老年人在日常生活中遇到的需求，解决其困难。这种服务将家务和保健服务结合在一起，为老年人提供全面的支持，让他们在晚年生活中更加舒适和便利。

首先，日常生活帮助服务提供烹饪和清洁方面的支持。老年人可能因为身体原因，难以独立完成烹饪和清洁。因此，这种服务会提供这方面的帮助，包括清洗餐具、清洁房间等。此外，服务还会协助老年人进行简单的家务活动，如整理床铺、收纳个人物品等，以保持他们居住环境的整洁和舒适。

其次，日常生活帮助服务还为老年人提供购物方面的支持。老年人可能因为身体或认知障碍，难以独自购物。这种服务会协助老年人购买如食品、药品、卫生用品等日常用品，以满足他们的基本生活需求。此外，服务还会帮助老年人处理购物相关的任务，如比较价格、寻找特价商品等，以减轻他们的经济负担。

最后，日常生活帮助服务还为老年人提供出行方面的支持。老年人可能因为身体原因，难以独立进行出行活动。这种服务会协助老年人进行出行计划和安排，如预订出租车、公交车或地铁票等，以确保他们的安全和便利出行。

服务还会为老年人提供陪同出行的人员，以增加他们的安全性和舒适度。日常生活帮助服务还注重老年人的安全和健康问题。因此，服务还会为老年人提供必要的安全措施和健康监测，如安装烟雾报警器、安全扶手、防滑地毯等，以预防老年人意外跌倒和其他安全问题。

（三）紧急救援服务

紧急救援服务是适老服务中不可或缺的一部分。老年人由于身体机能的衰退和社交网络的相对狭窄，往往在遇到突发事件或紧急情况时容易受到困扰和感到无助。因此，提供紧急救援服务是保障老年人生命安全和健康的重要措施之一。

首先，紧急救援服务最基本的内容是提供紧急呼叫系统。这种呼叫系统应该能够随时接收老年人的求助信号，并在接到信号后立即采取行动。呼叫系统应当具备快速响应和高质量通信的能力，以确保救援人员能够及时获取老年人的位置和状况信息,迅速展开救援行动。

除了紧急呼叫系统,紧急救援服务还应包括现场救援和医疗急救。对于那些由于意外事故、疾病或其他原因而突然出现身体不适或晕厥的老年人,紧急救援服务应能够迅速派遣专业的医疗人员和设备赶往现场,进行初步的急救处理和转运。同时,对于需要进一步治疗的伤病患者,紧急救援服务还应与医疗机构建立紧密的联系,确保患者能够及时得到妥善的治疗和护理。此外,紧急救援服务还可以提供 24 小时的热线服务。这种热线电话可以由专业的心理咨询师或社工接听,为老年人提供心理支持和帮助。老年人可以通过热线电话获得情感支持和安慰,以及相关的急救指导和建议。热线服务还可以为老年人提供预约挂号、病情初步评估等服务,以帮助他们更加方便快捷地获得医疗和其他相关服务。

（四）心理咨询服务

适老服务中的心理咨询服务是为老年人提供心理健康支持和指导的重要方面。它关注老年人的心理需求,通过专业的心理咨询师或心理医生的帮助,促进老年人的心理健康和幸福感。

首先,心理咨询服务为老年人提供倾听和理解。老年人常常面临各种心理困扰,如孤独、焦虑、抑郁等。心理咨询师会以温暖、关怀的态度倾听老年人的心声,理解他们的感受和困惑,并给予积极的回应和支持。这种倾听和理解的过程有助于老年人减轻心理负担,感受到被关注和被理解的重要性。

其次,心理咨询服务帮助老年人解决心理问题。老年人可能面临生活转折、身体健康、家庭关系等方面的挑战,这些问题可能会对他们的心理健康产生负面影响。心理咨询师会通过专业的技巧和方法,帮助老年人识别问题、理清思路,并提供可行的解决方案和建议。他们可以帮助老年人调整心态,积极面对困难,提升他们的心理韧性和适应能力。

此外,心理咨询服务还提供情绪管理和压力应对的指导。老年人可能面临生活环境的改变、社交圈子的缩小等情况,这些变化可能会引发情绪波动和压力增加。心理咨询师会教导老年人有效的情绪管理技巧,如深呼吸、放松训练、积极思考等,以帮助他们平复情绪、缓解压力。同时,他们还会指导老年人制订合理的生活计划,培养健康的生活方式和兴趣爱好,以提升整体的心理幸福感。

最后,心理咨询服务也关注老年人的认知健康和预防认知障碍。老年人面临认知功能下降和痴呆等风险,心理咨询师可以通过提供认知训练、记忆锻炼等方法,帮助老年人保持认知功能的活跃。此外,他们还可以提供有关认知健康的知识和教育,帮助老年人了解认知障碍的早期迹象和预防措施,以延缓认知衰退的进程。

(五)社交活动

适老服务中的社交活动旨在为老年人提供一个愉快的社交环境,帮助他们保持社交联系,提高生活质量。

首先,社交活动可以为老年人提供多样化的活动形式。这些活动可以包括文化活动、健身活动、学习交流、娱乐活动等,使老年人能够在轻松愉快的氛围中参与其中。通过这些活动,老年人可以结交新朋友,分享彼此的经验和兴趣爱好,从而加深彼此之间的了解和信任。

其次,社交活动可以帮助老年人建立社会支持网络。这些支持网络可以包括家人、朋友、志愿者等,可以为老年人提供必要的帮助和支持。社交活动可以为老年人提供机会,让他们感受到社会的关爱和支持,减轻孤独感和无助感。此外,社交活动还可以为老年人提供心理层面的支持。通过参与社交活动,老年人可以获得情感上的支持和安慰,减轻焦虑和抑郁等情绪问题。社交活动可以为老年人提供展示自己的机会,增强自信心和自尊心,提高生活质量和幸福感。同时,社交活动还可以帮助老年人保持认知能力。参与社交活动可以刺激老年人的大脑,提高他们的认知能力和记忆力,从而延缓认知功能衰退。社交活动可以为老年人提供学习新知识和新技能的机会,让他们更好地适应社会变化,保持活力和竞争力。

(六)健康管理服务

适老服务中的健康管理服务是一项关键的服务内容,旨在通过定期健康检查和针对老年常见疾病的筛查,来保障老年人的身体健康。

首先,定期健康检查是健康管理服务的重要组成部分。这些检查可以帮助及早发现潜在的健康问题,预防疾病的发生或减轻其严重程度。

定期健康检查可以包括身体各系统的全面检查,如心血管、呼吸、消化、内分泌等系统,以及必要的实验室检查和影像学检查。这些检查的结果可以帮助医生评估老年人的整体健康状况,及时发现并处理任何可能影响其生活质量或身体健康的问题。

其次,针对老年常见疾病的筛查和检测是健康管理服务的另一重要组成部分。老年人群中常见的疾病如糖尿病、高血压、冠心病、肺癌等,通过及时的筛查和检测可以早发现、早治疗,从而提高治疗效果和生活质量。例如,对于糖尿病的筛查可以包括血糖检测和OGTT试验等,对于高血压的筛查可以包括血压测量和心电图检查等。这些筛查和检测不仅可以帮助老年人更好地管理自己的健康,还可以为医生提供更多关于老年人健康状况的信息,以便于制订更个性化的治疗方案。

此外,健康管理服务还可以为老年人提供营养评估和指导。老年人由于身体机能的下降,往往需要更好的营养支持来维持身体健康。通过营养评估,可以了解老年人的营养状况,为其提供个性化的饮食指导和营养补充建议,以改善其生活质量。

(七)康复训练服务

适老服务中的康复训练服务旨在根据老年人的身体状况和康复需求,提供个性化的康复训练计划,帮助他们最大限度恢复身体功能,提高生活质量。

首先,康复训练服务可以根据老年人的身体状况和康复需求进行个性化定制。老年人由于年龄、健康状况和生活经历的不同,所需的康复训练也会有所不同。因此,康复训练服务应根据老年人的具体情况,制订个性化的康复训练计划,以满足他们的特定需求。

其次,康复训练服务可以提供全面的康复训练指导。这些指导可以包括运动训练、物理治疗、职业治疗、言语治疗等,以帮助老年人恢复各种身体功能。例如,运动训练可以通过有氧运动、力量训练和柔韧性训练等,提高老年人的心肺功能、肌肉力量和关节灵活性。物理治疗和职业治疗可以帮助老年人恢复日常生活能力,提高生活质量。此外,康复训练服务还可以为老年人提供心理康复训练。老年人在经历身体疾病或意外伤害后,往往会出现焦虑、抑郁等心理问题。心理康复训练可以通过心理疏导、认知行为疗法等方式,帮助老年人调整心态,增强自信心和积极性,提高生活质量。

最后,康复训练服务还可以为老年人提供家庭康复训练的指导。家庭康复训练的指导可以帮助老年人在家中进行有效的康复训练,保持康复效果。同时,家庭康复训练还可以为老年人提供必要的家庭护理和安全建议,以预防老年人意外事件的发生。

(八)法律援助服务

适老服务中的法律援助服务旨在为老年人提供法律咨询、权益保护等方面的帮助,确保他们的合法权益得到维护和保障。

首先,法律援助服务可以为老年人提供专业的法律咨询服务。老年人可能会遇到各种各样的法律问题,如财产继承、赡养纠纷、医疗保障等。法律援助服务可以通过专业的法律咨询,帮助老年人了解自己的权利和义务,指导他们如何合法地维护自己的权益。

其次,法律援助服务可以为老年人提供权益保护。老年人可能会因为年龄、健康状况等原因而成为弱势群体,容易受到不法分子的侵害。法律援助服务可以通过协助老年人进行权益维护,打击不法行为,保护老年人的合法权益不受侵犯。此外,法律援助服务还可以为老年人提供遗嘱和遗产规划服务。老年人随着年龄的增长,需要考虑如何安排自己的财产和遗嘱事宜,以避免未来的纠纷和麻烦。法律援助服务可以为老年人提供专业的遗嘱和遗产规划指导,帮助他们合理地安排自己的财产,确保家庭成员的权益得到保障。

最后,法律援助服务还可以为老年人提供家庭法律教育。家庭法律教育可以帮助老年人的家庭成员了解基本的法律知识和法律程序,提高家庭的法律意识和素养。这样可以更好地保护老年人的权益,维护家庭和谐稳定。

(九)娱乐活动

适老服务中的娱乐活动旨在为老年人提供一个丰富多彩的娱乐环境,让他们在轻松愉快的氛围中享受生活,提高生活质量。

首先,娱乐活动可以包括各种适合老年人的艺术类活动。老年人可以通过参加书法、绘画、音乐等艺术课程,培养自己的兴趣爱好,提高艺术修养,同时也可以陶冶情操,增强自信心和自尊心。此外,这些艺术活动还可以促进老年人的社交交流,让他们结交志同道合的朋友,分享彼此的快乐和心得。在书法方面,可以提供专门的书法课程,教授不同种类的书法技巧。从基础的楷书、行书到高阶的草书、篆书,老年人可以根据自己的学习进度和兴趣选择不同的课程。此外,可以设立书法展览馆,展示老年人创作的优秀书法作品,增强他们的自信心和荣誉感。在绘画方面,可以提供绘画教学和绘画工作坊。老年人可以通过学习素描、水彩画、油画等不同画种,掌握基本的绘画技巧。同时,绘画工作坊还可以为老年人提供一个互相学习、交流的平台,他们可以共同完成一些绘画作品,增加社交互动和团队合作的机会。在音乐方面,可以组织音乐会、音乐欣赏课程和音乐创作活动。老年人可以通过参加音乐会,欣赏不同类型的音乐作品,如古典音乐、民间音乐、流行音乐等。此外,可以开设音乐欣赏课程,介绍音乐的背景知识、演奏技巧和欣赏方法。还可以鼓励老年人参与音乐创作,表达自己的情感和创意。

其次,娱乐活动还包括健身类活动。老年人可以通过参加适当的健身活动,增强身体素质,保持健康。例如,太极拳、瑜伽、舞蹈等健身项目都是适合老年人的运动方式,可以促进血液循环,增强肌肉力量和灵活性,提高身体健康水平。针对太极拳,可以提供专门的太极拳教练和太极拳课程。老年人可以选择不同的太极拳流派和招式进行学习。在课程设置上,可以根据老年人的身体状况和运动能力,分阶段进行不同程度的训练。同时,可以组织太极拳比赛和表演活动,让老年人在比赛中展示自己的技能和风采。对于瑜伽,可以提供专门的瑜伽教练和瑜伽课程。瑜伽教练可以根据老年人的身体状况和运动能力,设计不同难度的瑜伽动作和呼吸法。在瑜伽课程中,老年人可以在优美的音乐声中放松身心,练习平衡、柔韧性和核心力量。此外,可以组织瑜伽冥想和瑜伽体验活动,让老年人在冥想中感受身心的和谐与平衡。

再次,娱乐活动还可以为老年人提供文化讲座和参观旅游等活动。老年人可以通过参加文化讲座,了解中国的传统文化和历史,增强文化素养。此外,参观旅游可以让老年人领略自然风光和人文景观,开阔视野,增加生活乐趣。在文化讲座方面,可以定期邀请专家学者为老年人讲解中国的传统文化、历史、诗词等知识。这些讲座可以通过多媒体手段进行展示和互动教学,让老年人在轻松愉快的氛围中学习新知识、了解新事物。此外,还可以组织文化交流活动,让老年人在活动中分享自己的文化见解和心得体会。在参观旅游方面,可以组织不同主题的旅游线路和活动。老年人可以根据自己的兴趣选择不同的旅游线路,如自然风光游、历史文化游、乡村体验游等。在旅游过程中,老年人可以欣赏美景、体验当地文化和生活方式、品尝地道美食,增加生活乐趣和视野开阔程度。

最后,娱乐活动还可以为老年人提供社交聚会和交流机会。老年人可以通过参加各种社交聚会和交流活动,结交新朋友,分享彼此的生活经验和情感体验,增进相互之间的了解和支持。在社交聚会方面,可以定期组织各种类型的聚会活动。例如,生日聚会、节日聚会、主题聚会等。在聚会中,老年人可以与亲朋好友共同度过欢乐时光、分享彼此的快乐和忧伤。此外,还可以设立社交俱乐部或兴趣小组,让老年人在小组中结交志同道合的新朋友并共同参与各种活动。

(十)健康饮食服务

适老服务中的健康饮食服务旨在为老年人提供营养均衡的饮食,以及相关的健康饮食指导,促进老年人的身体健康和预防慢性疾病。

首先,健康饮食服务可以为老年人提供营养均衡的饮食。老年人由于身体机能的下降,对营养的需求也发生了变化。因此,健康饮食服务需要为老年人提供既美味又营养的饮食,包括充足的蛋白质、脂肪、碳水化合物、维生素和矿物质等。此外,还需要根据老年人的身体状况、饮食习惯和口味等特点,制订个性化的饮食计划,确保他们的营养需求得到满足。

其次,健康饮食服务可以为老年人提供相关的健康饮食指导。这些指导可以包括如何选择健康的食材、如何合理搭配食物、如何掌握健康的烹饪技巧等。此外,还可以为老年人提供关于如何根据季节、气候和身体状况调整饮食的指导,帮助他们养成健康的饮食习惯。同时,健康饮食服务还可以为老年人提供关于特殊食品的知识和选择指导。例如,对于糖尿病患者,可以提供关于如何选择低糖、低脂、高纤维食物的指导;对于高血脂患者,可以提供关于如何选择低胆固醇、低脂肪、高纤维食物的指导等。这些特殊食品的选择指导可以帮助老年人在享受美食的同时,更好地控制慢性疾病的发展。此外,健康饮食服务还可以为老年人提供家庭健康饮食的指导。老年人往往需要在家庭中自己动手制作饮食,因此,家庭健康饮食的指导可以帮助他们掌握健康的烹饪技巧和食材选择方法,从而更好地维护自己和家人的身体健康。

(十一)出行服务

适老服务中的出行服务旨在为老年人提供方便、无障碍的出行环境,以确保他们的安全、舒适和便利。

首先,出行服务可以包括无障碍出租车的服务。对于行动不便的老年人,无障碍出租车可以提供方便、快捷的出行方式。这些出租车通常都配备了适合轮椅、挂杖等供行动不便人士使用的设备,如轮椅升降装置、安全带等,以确保老年人的安全和舒适。同时,无障碍出租车还可以提供预约服务,老年人可以通过电话或网络预约出租车,以确保他们能够及时得到服务。

其次,出行服务还可以包括公共交通的服务。公共交通是老年人出行的主要方式之一,因此,提供方便、安全的公共交通服务非常重要。这些服务包括公交车、地铁、轻轨等交通工具,以及车站、地铁站附近的辅助器具和休息空间等。公共交通工具还提供老年人优惠票、老年人专座等关爱服务,以保障老年人的出行权益和便利。此外,出行服务还可以为老年人提供旅游观光服务。老年人可以通过旅游观光服务游览祖国的风景名胜古迹,丰富他们的晚年生活。这些服务包括旅行社提供的老年人专享的旅游线路、导游服务、食宿安排等,以及为老年人提供历史文化景区的优惠门票等。同时,还可以为老年人提供租车服务,方便他们在城市或景区内的自由出行。

最后,出行服务还可以为老年人提供交通安全培训。老年人出行时需要注意交通安全,提供交通安全培训可以让他们了解交通规则、安全出行等方面的知识。这些培训可以通过讲座、宣传册等形式开展,以提高老年人的交通安全意识。

第二节 适老服务的供需状况与挑战

一、适老服务的供需状况

(一)服务需求不断增长

适老服务的供需状况近年来呈现出一种明显的趋势,那就是服务需求不断增长。随着我国社会老龄化的加剧,老年人口的数量逐年上升,他们对适老服务的需求也随之增加。这一增长不仅体现在服务数量的需求上,更体现在服务质量和多样化方面的要求。

首先,随着生活水平的提高和社会进步,老年人对适老服务的需求逐渐从基本生活照料向多元化、个性化发展。他们不仅需要基本的身体健康检查和日常生活照料,更关注心理健康、社交互动、文化娱乐等方面的服务。老年人希望能够在晚年生活中保持积极的心态,参与社会交往,追求个人兴趣和爱好,这对适老服务提出了更高的要求。

其次,随着家庭结构的变化,很多老年人无法依靠子女得到充分的照料和支持。子女由于工作、生活等原因,可能无法全身心地照顾老人,这就需要适老服务机构提供更为全面和专业的服务。老年人对于适老服务的需求,也从单纯的家庭照料向社区、机构等多元化供给方式转变。同时,社会对适老服务的认知和支持也在不断增加。政府、社会组织和企业等各个层面都在加大对适老服务的投入和关注。政策层面出台了一系列支持老龄事业发展的政策和规划,推动适老服务行业的发展。社会组织和企业也积极参与其中,提供多样化的服务项目和模式,满足老年人的不同需求。

然而,尽管适老服务的需求不断增长,但目前供给状况还存在一些挑战和不足。首先,适老服务机构和人员数量相对不足,尤其是在一些偏远地区和农村地区,服务供给更为薄弱。其次,服务质量参差不齐,一些服务机构和专业人员的专业水平和服务意识有待提高。此外,适老服务的价格和费用对于一些老年人来说仍然偏高,需要进一步加大政府的支持和补贴力度。

(二)服务供给不足

适老服务的供需状况中,服务供给不足是一个突出的问题。随着老龄化的推进,老年人对适老服务的需求日益增长,然而目前的服务供给却无法充分满足这一需求。

首先,服务机构和人员的数量不足是供给不足的主要原因之一。尽管近年来政府和社会各界对适老服务的重视程度有所提高,但服务机构和人员的增长速度仍然滞后于老年人口的增长。特别是在一些偏远地区和农村地区,由于经济条件和服务资源的限制,适老服务机构和人员的数量更加稀缺,导致服务供给严重不足。

其次,服务质量和专业水平参差不齐也是供给不足的表现之一。目前适老服务机构和人员的专业水平和服务意识存在差异,一些机构和人员缺乏专业的培训和管理,无法提供高质量的服务。这种服务质量的不稳定性让老年人难以获得可靠的服务支持,进一步加剧了服务供给不足的问题。此外,适老服务的供给还受到资金和资源的限制。适老服务的提供需要投入大量的人力、物力和财力,包括基础设施建设、人员培训、运营管理等方面的费用。目前,政府和社会各界的投入虽然有所增加,但总体上来说仍然不足以满足日益增长的服务需求。资金和资源的短缺限制了服务机构的规模和服务项目的扩展,进一步导致服务供给不足。

(三)服务质量和价格问题

在适老服务的供需状况中,服务质量和价格问题是两个核心要素,它们直接影响着老年人是否能够获得优质、可负担的服务。

首先,服务质量是适老服务的关键问题之一。老年人需要高品质、专业化的服务,以确保他们的生活和健康需求得到满足。然而,当前适老服务市场中的服务质量存在诸多问题。一些服务机构可能缺乏专业化的培训和管理,导致服务人员技能不足,无法提供高质量的服务。此外,部分服务机构可能忽视老年人的个体差异和需求多样性,缺乏个性化服务的设计和实施。这种服务质量的不尽如人意,让老年人难以获得真正符合自身需求的服务。为了提高服务质量,适老服务机构应该积极加强人员培训和管理,确保服务人员具备专业的知识和技能。同时,他们需要注重个性化服务的发展,深入了解每位老年人的需求和偏好,制订个性化的服务计划,以确保服务能够真正满足老年人的期望和需求。

其次,价格是适老服务中的另一个重要问题。对于许多老年人来说,经济条件是限制他们获取适老服务的主要因素之一。一些高品质、专业化的适老服务往往价格较高,使一些经济困难的老年人难以承受。这导致了适老服务的供需矛盾,一方面是有需求的老年人无法承担高昂的价格,另一方面是服务机构难以覆盖成本和获得合理利润。

为了解决价格问题,政府和社会各界应该加大对适老服务的支持和补贴力度。政府可以通过制定相关政策,提供资金支持、税收减免等方式,降低适老服务的成本,进而降低服务价格。同时,社会各界也可以通过捐赠、设立奖金等方式,资助经济困难的老年人获取适老服务。此外,适老服务机构自身也可以通过提高效率、降低成本等方式,实现服务的价格优化,以更亲民的价格为老年人提供优质的适老服务。

(四)服务多元化和多层次化

适老服务的供需状况中,服务多元化和多层次化是一个重要的发展趋势。随着社会的进步和老年人需求的多样化,适老服务正在不断向多元化和多层次化方向发展,以满足不同老年人的各种需求。

首先,服务多元化是适老服务的显著特点之一。老年人群体具有多样的需求和兴趣,因此适老服务必须提供多元化的服务项目。例如,除了基本的生活照料和医疗保健服务,老年人还需要心理健康支持、社交活动、文化娱乐等方面的服务。为了满足这些需求,适老服务机构不断拓展服务范围,提供包括心理咨询、康复训练、书画课程、旅游活动等多元化服务,让老年人能够根据自己的兴趣和需求选择合适的服务项目。

其次,适老服务还具有多层次化的特点。老年人的需求和健康状况各不相同,因此适老服务需要根据不同的层次提供个性化的服务。例如,一些老年人可能需要全面的照料和护理,而另一些老年人则更注重社交和娱乐活动。适老服务机构应该根据老年人的个体差异和需求层次,制订不同的服务方案,并提供不同的服务级别和频次,以确保每位老年人都能够得到适合自己的服务。

这种多元化和多层次化的服务模式对于适老服务的供给方也提出了新的挑战和要求。服务机构需要加强对老年人的需求调研和评估,了解他们的实际需求和偏好,以提供更加精准和个性化的服务。同时,服务机构还需要与医疗、康复、社工等相关领域进行紧密合作,构建综合性的服务网络,为老年人提供一站式的服务支持。

值得注意的是,服务的多元化和多层次化也需要政府和社会各界的支持和推动。政府可以出台相关政策,鼓励和支持适老服务机构提供多元化、多层次化的服务,同时加大对服务机构的资金扶持和培训指导力度。社会各界可以通过参与志愿服务、提供资源支持等方式,推动适老服务的发展和多元化供给。

（五）服务整合和协调

在适老服务的供需状况中,服务整合和协调扮演着至关重要的角色。随着老龄化社会的到来,老年人对于服务的需求日益增多,而服务的整合与协调成为确保老年人获得优质、高效服务的关键。

服务整合是指将不同领域、不同部门的服务资源进行整合,以形成一个统一、连贯的服务体系。在适老服务中,服务整合的重要性不言而喻。老年人往往需要医疗、康复、护理、心理等多个领域的服务,而这些服务往往由不同的机构或部门提供。通过服务整合,可以将这些分散的服务资源进行有效的整合,确保老年人能够获得一站式、综合性的服务,提高服务的效率和质量。

服务协调则是指在服务提供过程中,各个服务机构和部门之间的协作与配合。在适老服务中,由于涉及的服务机构众多,如医疗机构、养老机构、社区服务等,服务协调显得尤为重要。通过加强服务机构之间的沟通与协作,可以避免服务重复、资源浪费,确保老年人能够在不同服务机构之间顺畅转换,获得连续、全面的服务支持。

要实现服务的整合和协调,首先需要政府层面的引导和支持。政府可以制定相关政策,明确各部门的职责与任务,推动跨部门、跨领域的服务整合。同时,政府可以设立专门的服务协调机构,负责统筹协调各类服务机构,确保服务资源的合理利用和高效配置。其次,服务机构自身也需要加强合作与协作。各类服务机构可以建立合作机制,定期召开协调会议,共同研究解决服务过程中的问题和困难。通过分享资源、交流经验,服务机构可以相互支持、互补优势,形成合力,为老年人提供更全面、更优质的服务。此外,信息技术的运用也为服务的整合和协调提供了有力支持。通过建立信息化平台,可以实现服务机构之间的信息共享、业务协同。老年人可以通过平台一站式获取各类服务信息,服务机构之间也可以通过平台进行业务沟通和协作,提高工作效率和服务质量。

(六)服务支持和援助

在适老服务的供需状况中,服务支持和援助是不可或缺的一部分,它们为老年人提供了必要的帮助和支持,确保他们能够在日常生活中得到关爱和照顾。

服务支持在适老服务中起着重要的作用。老年人由于身体机能的衰退和健康问题的增加,常常需要额外的支持来应对生活中的挑战。服务支持可以包括提供辅助器具、进行家居改造、提供交通服务等。例如,为老年人提供轮椅、助行器等辅助器具,可以帮助他们更好地进行移动和活动;进行家居改造,如安装扶手、坡道等,可以提供一个更安全、便利的生活环境;提供交通服务,可以帮助老年人解决出行困难的问题。这些服务支持能够根据老年人的实际需求,提供个性化的解决方案,提升他们的生活质量。

除了服务支持,援助也是适老服务的重要组成部分。援助通常指的是为经济困难或特殊需求的老年人提供资金、物资或人力等方面的帮助。一些老年人可能由于经济条件限制,无法承担一些必要的服务费用,援助可以帮助他们缓解经济压力,获得所需的服务。此外,还有一些老年人可能需要特殊的服务,如长期照护、康复援助等,这些服务需要专业的人员提供,并通过援助来确保他们得到适当的照顾和支持。

服务支持和援助的提供需要政府、社会组织、企业和个人等各方共同努力。政府可以通过出台政策,加大对适老服务支持和援助的投入,同时鼓励社会各界参与进来。社会组织和企业可以积极履行社会责任,开展公益项目,为老年人提供资金、物资和人力支持。个人也可以通过捐赠、志愿服务等方式,为身边的老年人提供帮助和支持。

值得注意的是,服务支持和援助应该注重个性化和综合性。每个老年人的需求和状况都是不同的,因此服务支持和援助应该根据个体的实际情况来制订计划和方案。同时,服务支持和援助也需要与其他服务相互配合,形成一个综合的服务体系,确保老年人能够获得全面、连续的支持和帮助。

（七）服务可及性和可负担性

在探讨适老服务的供需状况时,服务的可及性和可负担性是两个核心要素,它们直接关系到老年人是否能够真正受益于这些服务。

服务的可及性,指的是老年人能够方便地获取和使用适老服务。这涉及服务网络布局、服务时间和服务流程等多个方面。首先,服务网络布局要合理,确保在各个地区,尤其是偏远地区都有适老服务机构的存在,让老年人不论身处何处都能享受到服务。其次,服务时间要充分考虑老年人的生活习惯和需求,比如提供夜间服务、周末服务等,确保老年人在需要时能够得到及时的帮助。最后,服务流程要简单易懂,减少不必要的烦琐手续,让老年人能够轻松地使用服务。

为了确保服务的可及性,政府和社会各界都在努力扩大服务覆盖范围,优化服务网络布局。例如,政府通过建设社区服务中心、养老服务机构等,将服务延伸到老年人的家门口。同时,借助现代科技手段,如互联网、手机 App 等,老年人可以更加方便地获取服务信息,预约服务,进一步提高服务的可及性。

服务的可负担性,是指适老服务的价格要让老年人能够承受得起。老年人的经济状况往往较为有限,因此服务的价格过高会使他们难以承受。为了确保服务的可负担性,政府会出台一系列政策,如提供补贴、减免费用等,以降低老年人享受服务的经济压力。同时,服务机构也可以通过降低成本、提高效率等方式,为老年人提供更加实惠的价格。

然而,要实现服务的可负担性,单靠政府的支持是不够的。社会各界也应该共同参与,通过慈善捐赠、公益项目等方式,为经济困难的老年人提供资金支持。服务机构自身也可以通过创新服务模式,提供多样化、分层次的服务方案,让不同经济状况的老年人都能够找到适合自己的服务。

需要注意的是,服务的可及性和可负担性是相辅相成的。只有服务既可及又可负担,才能真正满足老年人的需求。因此,在推动适老服务的发展过程中,要兼顾这两个方面,确保服务既能够方便获取,又能够让老年人负担得起。

(八)服务规范和监管

在适老服务的供需状况中,服务规范和监管起着至关重要的作用。为了确保老年人能够获得优质、安全的适老服务,必须建立并执行相应的服务规范和监管措施。

首先,服务规范是确保适老服务质量的基础。通过制定明确的服务标准和流程,可以确保服务机构提供一致、高品质的服务。这些规范应包括服务内容、服务时间、服务人员的资质要求等方面,以确保老年人在接受服务时能够得到适当的照顾和支持。同时,服务规范还能够确保服务机构以老年人的需求和权益为出发点,提供个性化、人性化的服务。

其次,监管是确保服务规范得到有效执行的关键。政府和相关机构应建立完善的监管机制,对适老服务机构进行定期检查和评估。通过监管,可以及时发现和纠正服务机构存在的问题和不足,确保服务质量和安全。同时,监管还能够促进服务机构之间的竞争,推动服务水平的提升和创新。

在实际操作中,政府和社会各界已经采取了一系列措施来加强适老服务的规范和监管。例如,政府制定了相关的法律法规,明确服务机构的资质要求和服务标准。同时,建立了专门的监管机构,对服务机构进行定期检查和评估,并公布评估结果,以便老年人选择合适的服务机构。此外,社会各界也积极参与监管工作,通过舆论监督、投诉渠道等方式,推动服务机构提高服务质量和水平。然而,我们也应该认识到,适老服务的规范和监管是一个持续的过程。随着老年人数量的增加和服务需求的变化,我们需要不断完善服务规范和监管措施,以适应新的形势和挑战。同时,我们也需要加强对老年人的教育和宣传,提高他们的服务意识和权益保护意识,让他们能够更好地享受适老服务带来的便利。

二、适老服务存在的挑战

（一）服务内容和方式单一化

当前的适老服务面临着一个重要的挑战，那就是服务内容和方式的单一化。尽管我们已经取得了一定的进展，但现有的服务仍然主要集中在物质生活方面，如日常照料、护理保健等。然而，老年人的需求是多元化、多层次的，他们不仅需要基本的物质生活照料，更需要精神慰藉和社会参与。

首先，我们不能忽视的是，老年人的精神需求同样重要。他们需要关爱、陪伴和理解，需要有人倾听他们的故事，有人理解他们的情感。然而，当前的适老服务在这方面的供给明显不足，精神慰藉服务相对较少，无法满足老年人的精神需求。因此，我们需要加大对精神慰藉服务的投入，让老年人能够得到更多的关爱和陪伴。

其次，老年人的社会参与需求也未得到充分的满足。他们希望融入社会，参与社会活动，与他人建立联系。然而，由于现有的服务主要集中在物质生活方面，社会参与方面的服务相对较少，老年人的这些需求无法得到满足。因此，我们需要加大对社会参与服务的投入，为老年人提供更多的机会和平台。同时，我们也需要认识到，适老服务的提供需要更加灵活的方式。一些老年人可能需要全面的服务，而另外一些老年人可能只需要某方面的服务。因此，我们需要提供个性化的服务方案，以满足不同老年人的不同需求。

（二）服务供给不足

适老服务存在的挑战之一是服务供给不足。老年人的身体状况、生活环境和生活需求与年轻人不同，这使得他们对适老服务的需求也不同。然而，当前的专业服务人员供给不足，难以满足日益增长的服务需求。

首先，专业服务人员供给不足是一个重要的问题。老年人需要的服务包括日常照料、医疗保健、康复训练、心理咨询等，这些都需要专业的服务人员来提供。然而，当前的服务人才队伍建设不足，专业服务人员数量不够,无法满足老年人的多元化需求。

其次,家庭照料功能的削弱也是导致服务供给不足的原因之一。由于家庭规模缩小、家庭结构简化等原因,家庭照料功能大幅度削弱。在这种情况下,能够承担老年人照料服务的专业机构和人员也相对较少。这不仅导致老年人难以得到及时、有效的照料服务,也增加了家庭成员的负担。

此外,服务机构和人员的分布不均也加剧了服务供给不足的问题。在一些地区,服务机构和人员的分布过于集中,而在一些地区则缺乏服务机构和人员。这使得老年人在需要服务时难以得到及时的回应和帮助,也增加了服务的成本和难度。

(三)服务质量和价格问题

由于适老服务的提供需要具备一定的专业技能和资质,老年人对服务的质量和价格也格外关注。尽管我国的适老服务质量不断提高,但仍存在一些不可忽视的问题。

首先,服务人员素质参差不齐是一个关键问题。一些服务提供者的专业技能和资质不足,导致服务过程中可能会给老年人带来不必要的困扰和安全隐患。此外,一些服务人员缺乏良好的服务态度,对老年人的需求和权益不够重视,也给适老服务的提供带来了一定的挑战。

其次,服务价格高昂也是老年人关注的一个重点。适老服务的费用应该根据老年人的经济条件和实际需求来制定,但一些服务提供者却往往忽视老年人的实际情况,收取过高的服务费用,给老年人的生活带来了一定的经济压力。

(四)服务市场不够规范

适老服务存在的挑战之一是服务市场不够规范。适老服务市场的规范性决定了服务的质量和可靠性,但当前市场上存在一些不规范的服务机构和虚假宣传,给老年人和家属的选择带来了一定的困难。

首先,不法商家和虚假宣传的存在是导致服务市场不够规范的原因之一。一些服务机构为了牟取利益,采用不法手段进行虚假宣传,给老年人提供劣质的服务或假冒伪劣产品。这些行为不仅侵害了老年人的权益和利益,也影响了整个市场的声誉和信誉。

其次,缺乏统一的行业标准和规范也是导致服务市场不够规范的原因之一。由于缺乏统一的行业标准和规范,各个服务机构的服务质量难以比较和评估,给老年人和家属的选择带来一定困难。这不仅增加了老年人选择服务的难度,也使得家属难以判断服务机构的质量和可靠性。

(五)社会认知度和重视程度不足

适老服务存在的挑战之一是社会认知度和重视程度不足。尽管人口老龄化已经引起了社会的广泛关注,但仍有部分人对其重要性和必要性认识不足,缺乏对老年人的关注和照顾,这导致老年人难以获得相应的服务。

首先,社会上对于适老服务的价值和作用认知不足。一些人可能认为老年人的生活已经注定无法改变,而不需要提供特别的服务来改善。这种认知上的误区会阻碍适老服务的发展和推广,使得老年人无法得到应有的照顾和支持。

其次,社会上对于老年人的关注和照顾不足也是导致适老服务存在挑战的原因之一。尽管我们已经开始步入老龄化社会,但仍有部分人对于老年人的需求和权益缺乏足够的重视。这使得老年人在生活中可能遇到的各种问题得不到及时的解决,也使得适老服务的发展受到一定的限制。

第三节 适老服务的创新模式与实践案例

一、适老服务的创新模式

(一)智能化适老服务方式

适老服务的创新模式之一是智能化适老服务方式。这种创新模式充分利用现代化科技手段,将智能化设备、物联网、人工智能等技术融入老年人的日常生活中,为他们的生活带来便利和安全。

  首先,智能家居是智能化适老服务方式的重要组成部分。智能家居系统是一种可以利用互联网、物联网、人工智能等技术将家居设备、生活环境等元素进行智能化控制的整体解决方案。在老年人的日常生活中,智能家居可以提供多种便利和安全的服务。例如,老年人可以通过语音控制、手机应用程序或触摸屏来控制家中的灯光、窗帘、电视、空调等设备。这种智能化的生活方式不仅提高了老年人的生活质量,还为他们提供了更加便捷的操作方式。老年人无须再费力弯腰或远离座位去开关灯光或窗帘,也无须忍受冬天摸黑找开关的困扰,只需简单的语音指令或滑动手指,就可以控制家中的所有设备。

  其次,智能健康监测也是智能化适老服务方式的重要应用之一。智能健康监测设备可以实时监测老年人的身体状况,如心率、血压、血糖、体温等。这些设备的出现使得老年人可以在日常生活中更好地管理自己的健康状况,及时发现身体异常并进行相应的治疗。例如,智能手环可以实时监测老年人的心率和血压,当出现异常时可以自动报警或上传数据到医疗服务中心。此外,智能健康监测设备还可以为老年人提供个性化的健康建议和饮食建议,帮助他们更好地管理自己的身体。

  此外,智能化交通也是适老服务创新模式之一。智能化交通系统可以通过手机应用程序、智能手表等设备实时显示交通情况,为老年人提供更加便捷的出行服务。这种交通方式不仅可以减少老年人的出行难度,还可以提高他们的出行安全性和效率。例如,智能交通系统可以根据老年人的出行需求和身体状况,规划出最优的出行路线和交通方式。在老年人出行的过程中,系统还可以实时监测路况、车流量等信息,避免出现交通拥堵等不必要的麻烦,减少他们在出行中的风险和不确定因素。

  除了以上所述的应用场景,智能化适老服务还可以在老年人教育、文化娱乐、社会参与等方面发挥重要作用。例如,智能化教育平台可以为老年人提供在线课程和学习资源,满足他们的学习需求和文化娱乐方面的兴趣爱好;智能化文化娱乐平台可以为老年人提供更加丰富多彩的文化娱乐活动和社交机会;智能化社会参与平台可以为老年人提供更加便捷的社会参与方式和机会,让他们更好地融入社会生活。

(二)社区化适老服务方式

适老服务的创新模式之一是社区化适老服务方式。这种创新模式通过建立老年人社区,为老年人提供全方位、多元化的服务,使老年人在社区中得到更好的照顾和关爱。

社区化适老服务方式的核心是建立一个充满活力、互助互爱的老年人社区,让老年人在社区中享受到各种便利和服务。社区中的服务机构可以为老年人提供健康咨询、健康监测、康复治疗、文化活动、志愿服务等多种服务,以满足老年人在身体、心理、文化和社会方面的需求。

社区健康中心是社区化适老服务方式的重要组成部分。社区健康中心可以为老年人提供日常健康咨询、健康监测、康复治疗等服务,同时还可以为有特殊疾病的老年人提供专业化的医疗服务。老年人可以在社区中随时了解自己的健康状况,并得到专业的康复治疗指导,从而更好地维持健康和享受晚年生活。

社区文化活动中心也是社区化适老服务方式的重要场所。社区文化活动中心可以为老年人提供各种文化活动和娱乐设施,如图书馆、健身中心、棋牌室等,以满足老年人在文化娱乐方面的需求。此外,社区文化活动中心还可以为老年人提供学习机会和社交平台,让他们结交新朋友,学习新知识,拓展社交圈子。

社区志愿服务是社区化适老服务方式的特色之一。在社区中,有许多志愿者组织和服务团队为老年人提供各种志愿服务,如陪伴聊天、生活照料、心理疏导等。这些志愿服务可以为老年人带来陪伴和关爱,帮助他们克服生活中的困难和孤独感,提高生活质量。

(三)"市场+"模式

适老服务的创新模式之一是"市场+"模式。这种创新模式通过融合市场机制和社会力量,以创新的方式引导和鼓励社会资本参与适老服务,推动产业化、规模化发展,为老年人提供更加优质、便捷的服务。

"市场+"模式的核心是政府引导和市场机制的结合。政府通过制定相关政策和规划,引导社会资本进入适老服务领域,并为社会力量提供必要的支持和指导。同时,市场机制的引入可以激发社会力量的活力和创造力,推动适老服务产业的发展和升级。在"市场+"模式中,社会力量的参与是关键。社会力量包括企业、社会组织、个人等,它们通过投资、建设、运营等方式参与适老服务。这些社会力量在政府的引导和支持下,可以充分发挥自身优势和特点,推动适老服务的发展和创新。"市场＋"模式还注重推动产业化和规模化发展。通过引导社会资本进入适老服务领域,可以促进相关产业的发展和壮大,形成完整的产业链和产业生态系统。同时,规模化发展可以降低成本、提高效率,更好地满足老年人的需求。此外,"市场＋"模式还注重跨界合作和创新。跨界合作可以促进不同领域之间的交流和合作,实现资源共享和优势互补,为老年人提供更加全面、优质的服务。同时,创新是推动"市场＋"模式发展的重要动力,通过不断创新可以适应市场的变化和老年人的需求,提高服务的质量和水平。

（四）"数字＋"模式

适老服务的创新模式之一是"数字＋"模式,也被称为智慧养老模式。这种创新模式充分利用大数据、云计算、人工智能等现代科技手段,将老年人服务与数字化技术深度融合,搭建全方位、立体化、智能协同的智慧养老新平台,为老年人提供更加智能化、个性化的服务。

首先,"数字＋"模式通过大数据技术,对老年人的服务需求进行精细化识别和分类。通过对大量数据的收集、分析和挖掘,可以深入了解老年人的个性化需求,为每位老年人量身制订出更加贴心、精准的服务方案。

其次,云计算技术的应用为"数字＋"模式提供了强大的服务能力。云计算可以实现各类服务资源的集中管理和调度,为老年人提供一站式、全方位的服务。同时,云计算还可以确保服务的高效性和稳定性,满足老年人的多样化需求。

此外,人工智能技术的引入为"数字＋"模式注入了智能化的元素。人工智能技术可被用于老年人的健康监测、生活照料、安全监控等方面,为老年人提供更加智能化、个性化的服务。例如,通过智能语音助手,老年人可以通过语音指令轻松实现与他人的沟通交流,还可以获得各类生活信息查询和服务。同时,"数字＋"模式还可以搭建线上线下协同服务体系。通过将线上与线下的服务资源进行高效整合和优化配置,老年人可以随时随地获取优质的服务。例如,老年人可以通过智慧养老平台预约线下的医疗、照料、文娱等服务,实现服务的无缝衔接和高效协同。

（五）"服务+"模式

适老服务的创新模式之一是"服务+"模式,这种创新模式以资源整合和精细化服务为导向,致力于为老年人提供多元化、个性化的服务,以满足不同老年人的需求。

"服务+"模式的核心是通过资源整合,将多元化的服务资源整合到一个平台上,为老年人提供一站式的服务体验。这种模式不仅包括了日常生活照料、医疗保健、文化娱乐等方面的服务,还注重服务的个性化和差异化,为每位老年人量身制订最合适的服务方案。在日常生活照料方面,"服务+"模式注重老年人的日常生活细节,通过专业的服务人员为老年人提供全方位的照顾和关爱。包含日常起居、饮食照料、卫生清洁等方面的服务,让老年人在生活中享受到无微不至的关怀。在医疗保健方面,"服务+"模式注重老年人的身体健康,通过与医疗机构合作,为老年人提供及时、专业的医疗服务。包含定期身体检查、疾病预防、紧急救援等方面的服务,让老年人在医疗方面得到全面的保障。在文化娱乐方面,"服务+"模式注重老年人的精神需求,通过丰富多彩的文化娱乐活动,为老年人提供充实的精神生活。包含各类文化活动、社交活动、旅游观光等方面的服务,让老年人在生活中充满乐趣和活力。"服务+"模式还注重服务的品质化,通过精细化的服务流程和标准化的服务质量管理体系,确保每项服务都达到最高的品质标准。同时,"服务+"模式还通过引入科技手段,如智能化服务系统、大数据分析等,对服务过程进行实时监控和数据分析,及时发现和解决服务中的问题,不断提升服务品质和老年人的满意度。

（六）"中央厨房+统一配送+多点服务"模式

适老服务的创新模式之一是"中央厨房+统一配送+多点服务"模式,这种创新模式通过集中统一配送,可以提升餐饮质量,降低运营成本,为老年人提供更加优质、高效的服务。

中央厨房作为"中央厨房+统一配送+多点服务"模式的核心,负责集中制作、加工老年人的餐饮,确保食品的质量和安全。中央厨房采用先进的烹饪设备和科学的生产工艺,对食材进行统一采购、加工和配送,确保每个环节都符合食品安全和卫生标准。同时,中央厨房还注重营养配餐和口味多样化,根据老年人的身体状况和饮食习惯,提供适合他们口味的健康餐饮。

统一配送是"中央厨房+统一配送+多点服务"模式的重要一环。中央厨房将制作好的餐饮统一配送至各个服务点,确保餐饮在运输过程中保持新鲜和口感。统一配送采用高效的物流系统和配送计划,确保每个服务点能够准时收到餐饮,并保证餐饮在规定时间内送达老年人的手中。

多点服务是"中央厨房+统一配送+多点服务"模式的另一重要特点。这种模式在社区、老年人住所等地设置服务点,为老年人提供便捷、高效的服务。这些服务点作为老年人获取服务的"触点",可以随时为老年人提供日常生活照料、医疗保健、文化娱乐等方面的服务,满足老年人的多样化需求。同时,多点服务还可以为老年人提供个性化定制服务,根据老年人的需求和偏好,提供针对性的服务方案。

这种"中央厨房+统一配送+多点服务"的模式,实际上是将规模化、标准化的生产方式与个性化、人性化的服务方式相结合,在保证服务质量的同时,提高了服务效率,降低了运营成本。

此外,这种模式还具有很好的扩展性和适应性。随着老年人口的增加,服务需求也会相应增长。通过中央厨房的集中生产和统一配送,可以方便地扩展服务能力,满足不断增长的需求。同时,多点服务的设置,也能够灵活应对不同地区、不同老年人群体的多样化需求,实现服务的广泛覆盖和个性化提供。

从长期发展的角度看,"中央厨房+统一配送+多点服务"模式还有助于推动适老服务行业的专业化、规范化。通过中央厨房的集中生产,可以实现食材采购的规模化,从而获得更低的采购价格,降低运营成本。同时,统一的烹饪和配送流程,也有助于标准化服务的提供,确保每一位老年人都能享受到同样优质的服务。

这种模式也促进了社会资源的合理配置。通过集中生产和统一配送,可以更有效地利用社会资源,避免资源的浪费。同时,通过多点服务,可以将服务深入社区、家庭,让老年人在熟悉的环境中享受到便捷、贴心的服务,从而更好地满足他们的需求,提升他们的生活质量。

（七）"人才+"模式

适老服务的创新模式之一是"人才+"模式,这种创新模式以完善人才"育引留用"全链条为主旨,通过与高校合作,联合专业教育培训机构,建设养老人才培养实训基地,并创新完善人才"激励"机制,以促进养老服务行业的发展和提升。"人才+"模式的核心在于建立完善的人才培养机制。

首先,通过与高校的合作,我们可以充分利用高校丰富的教育资源和雄厚的师资力量。高校作为人才的培养摇篮,拥有系统、全面的学科设置,能够为养老服务人才提供专业化的理论教育。通过课程设置、实践教学等方式,可以使学生深入了解老年人的身心特点、服务技巧和管理知识,为未来的养老服务工作打下坚实的基础。

其次,联合专业教育培训机构,可以进一步增强培训内容的针对性和实用性。这些培训机构往往具有丰富的行业经验和专业的培训师资,能够紧密结合市场需求和老年人的实际需求,为养老服务人才提供实用、有效的技能培训。这种培训可以涵盖老年护理、医疗保健、心理咨询等多个方面,使养老服务人才在具备专业理论知识的基础上,还能掌握实际操作技能。

最后,建立养老服务人才实训基地,可以为人才提供实际操作和实习机会,促进理论与实践的结合。实训基地可以模拟真实的养老服务场景,让人才在实际操作中不断积累经验,提升实践能力和应对突发情况的能力。同时,实训基地还可以作为人才与市场之间的桥梁,为市场输送更多具备专业技能和素质的养老服务人才,推动整个养老服务行业的升级和发展。

除了人才培养机制外,"人才+"模式还注重人才的引进和留用机制建设。通过建立完善的人才引进机制,可以吸引更多具有创新能力和实践经验的人才加入养老服务行业,为行业注入新的活力和动力。同时,建立留用机制,为人才提供更好的职业发展机会和福利待遇,以保持人才队伍的稳定性和持续性。在激励方面,"人才+"模式创新完善了人才"激励"机制。通过开展职业技能竞赛等方式,可以激发人才的积极性和创造力,提高服务质量和水平。同时,"激励"机制还可以鼓励人才进行自我提升和学习,推动个人职业发展和行业发展。

（八）"政策＋"模式

适老服务的创新模式之一是"政策＋"模式，这种创新模式以构建兜底性、普惠性多样化养老服务新体系为目标，通过政府政策的支持和引导，为老年人提供全方位、多层次的养老服务。

"政策＋"模式的核心是构建一个完善的政策体系，以支持养老服务业的发展和提升。政府可以通过出台各种政策措施，鼓励社会资本投入养老服务领域，推动养老服务产业的快速发展。同时，政府还可以通过政策引导，推动养老服务向兜底型、普惠型方向发展，满足不同老年人的多样化需求。

在兜底性方面，"政策＋"模式注重保障老年人的基本生活需求。政府可以通过发放养老服务补贴、高龄津贴等方式，为经济困难的老年人提供基本的生活保障。此外，对于一些特殊困难老年人，政府还可以提供定制化的服务方案，确保他们的基本生活需求得到满足。

在普惠性方面，"政策＋"模式注重推动养老服务的普及和惠及面。政府可以通过政策支持，让更多的老年人享受到优质的养老服务。例如，政府可以出台相关政策鼓励社区、社会组织等提供养老服务，让老年人在家中就能享受到便捷的服务。

在多样化方面，"政策＋"模式注重为老年人提供个性化的服务。政府可以通过政策引导，推动养老服务市场发展，鼓励各类服务机构涌现，为老年人提供不同类型的养老服务。例如，政府可以鼓励发展老年公寓、养老社区、医养结合等多样化的养老服务模式，以满足不同老年人的需求。

二、适老服务的实践案例

（一）古田县的"互助孝老食堂"

古田县的"互助孝老食堂"是一个非常具有实践价值的适老服务案例。该食堂的设立旨在解决农村留守独居等困难老人的吃饭问题，充分体现了对老年人的关注和照顾。

古田县的"互助孝老食堂"不仅提供了一个就餐场所，更通过村级以上的单位广泛参与,形成了一个集餐饮、照护、社交于一体的综合服务平台。这个食堂不仅为困难老人提供了便捷实惠的餐饮服务,还为他们提供了一个相互交流、互帮互助的环境。

在实践中,"互助孝老食堂"的总计用餐群众已经达到了1400多人,这充分说明了该项目的可行性和受欢迎程度。通过这种方式,困难群众和老年人在"家门口"就能得到便捷实惠的照护,这种服务模式无疑是对社区资源的一种充分利用。"互助孝老食堂"的成功实践,离不开政府、社区、社会组织等多方面的合作与努力。政府在这个过程中发挥了政策引导和资源整合的作用,为项目的顺利实施提供了必要的支持。而社区则提供了场所和人力资源,社会组织则负责具体实施和运营。此外,"互助孝老食堂"还具备强大的社会动员能力。通过鼓励社区居民、志愿者等共同参与,形成了强大的社区支持网络。这为老年人提供了更多元的照护选择,也为社区的可持续发展奠定了基础。

总之,古田县的"互助孝老食堂"是一个成功的适老服务案例。通过综合运用社区资源,该模式为老年人提供了全方位的照护服务,让他们感受到社会的关爱和温暖。这种模式的推广和应用,将对适老服务的发展产生积极的影响。

(二)福建省三明市沙县区照料中心

福建省三明市沙县区照料中心是一个致力于为老年人提供全方位照料服务的机构。这个照料中心以全面的服务理念为基础,为老人提供饮食、穿衣、起居、娱乐等方面的服务,以满足老人的生活需求。

中心设有宽敞明亮的餐厅,为老人提供营养均衡、口味多样的餐饮。专业的厨师和营养师根据老人的身体状况和饮食偏好,精心制作各种美味可口、富有营养的餐点。同时,餐厅还设有专门的观察窗口,工作人员可以随时关注老人的用餐情况和需求,为他们提供贴心的服务。中心还有设备齐全的休息室,为老人提供舒适的休息环境和充足的休息时间。休息室内设有舒适的床铺和家具,还有各种娱乐设施,如电视、音响等,让老人在休息的同时也能享受愉快的时光。此外,休息室还设有独立的卫生间和浴室,为老人提供便捷的生活服务。中心还设有专门的健身区,为老人提供一个安全、舒适的健身环境。健身区内各种健身器材和设备齐全,可以根据老人的身体状况和需求进行个性化的锻炼。此外,中心还与医疗机构合作,定期为老人进行健康检查和身体保健指导,为老人的健康保驾护航。

除了以上服务外,中心还提供医疗室等多项服务。医疗室内配备有各种先进的医疗设备和仪器,可以满足老人的日常医疗需求。同时,医疗室还与周边医院等医疗机构建立合作关系,为老人提供更加全面的医疗服务。

总之,福建省三明市沙县区照料中心通过全方位的服务理念和专业的服务团队,为老年人提供饮食、穿衣、起居、娱乐等多个方面的服务。该中心以老人的需求为导向,用实际行动践行着"以人为本"的服务理念,用爱心和责任心为老人的健康和幸福保驾护航。这种实践案例无疑对其他地区适老服务的发展具有积极的借鉴意义。

(三)四川省资阳市雁江区银花社区养老服务中心

四川省资阳市雁江区银花社区养老服务中心是一个以居家为基础、社区为依托的综合性养老服务平台。该中心致力于为老年人提供生活照料、医疗保健、文化娱乐等多个方面的服务,让老人在享受便捷服务的同时,也能享受美好的晚年生活。

银花社区养老服务中心以个性化服务为特色,根据老人的身体状况和生活习惯,提供个性化的服务和建议。中心建立了完善的老人档案,记录老人的身体状况、生活习惯、兴趣爱好等信息,并根据老人的需求和偏好,提供个性化的照料服务。

在生活照料方面,中心为老人提供全方位的服务。中心设有专门的餐厅和厨房,为老人提供营养均衡、口味多样的餐饮。同时,中心还提供洗衣、打扫卫生等日常生活照料服务,让老人享受到贴心的关照。在医疗保健方面,中心与医疗机构合作,为老人提供全面的医疗服务和健康指导。中心设有专门的医疗室和康复室,配备有各种先进的医疗设备和器材,为老人提供健康检查、日常诊疗、康复训练等服务。同时,中心还定期组织健康讲座和义诊活动,提高老人的健康意识和自我保健能力。在文化娱乐方面,中心为老人提供丰富多彩的活动和娱乐设施。中心设有阅览室、棋牌室、健身房等,为老人提供阅读、交流、健身等娱乐活动。同时,中心还组织各种形式的文艺活动和社交活动,让老人在轻松愉快的氛围中安享晚年生活。

总之,四川省资阳市雁江区银花社区养老服务中心通过建立综合性养老服务平台,为老年人提供生活照料、医疗保健、文化娱乐等多个方面的服务。中心具有个性化的服务特色,根据老人的身体状况和生活习惯,提供个性化的服务和建议。这种实践案例无疑对其他地区适老服务的发展具有积极的借鉴意义。

(四)上海市杨浦区长白社区养老服务站

上海市杨浦区长白社区养老服务站是一个致力于为社区老人提供专业、便捷、个性化养老服务的机构。该服务站通过不断创新和优化服务模式,为老人提供健康咨询、康复治疗、日常生活照料等多个方面的专业服务,让老人在家中就能享受到全方位的照料。

首先,长白社区养老服务站拥有专业的服务团队。站内工作人员都经过严格的培训和考核,具备丰富的养老服务知识和技能,能够为老人提供全方位、多层次的服务。同时,服务站还与医疗机构建立紧密合作关系,邀请专业医生定期坐诊,为老人提供健康咨询、康复治疗等医疗服务。

其次,服务站还通过智能化设备和信息化手段,为老人提供更加便捷和个性化的服务。例如,服务站引进了一系列的智能化设备,如智能家居、智能医疗器材等,这些设备能够与老人的手机、平板等智能终端连接,实时监测老人的身体状况,及时发现异常情况并给予紧急处理。此外,服务站还采用了信息化手段,如大数据、人工智能等,对老人的健康数据和生活习惯进行分析,为老人提供个性化的服务和建议。

除了以上两个方面,长白社区养老服务站还为老人提供日常生活照料、文化娱乐等多样化的服务。服务站设有专门的餐厅和厨房,为老人提供营养均衡、口味多样的餐饮。同时,服务站还提供洗衣、打扫卫生等日常生活照料服务,让老人享受到贴心的关照。此外,服务站还定期组织各种形式的文化娱乐活动和社交活动,如书法比赛、健身活动、生日会等,让老人在轻松愉快的氛围中安享晚年生活。

总之,上海市杨浦区长白社区养老服务站通过专业化的服务团队和智能化、信息化的服务手段,为老年人提供健康咨询、康复治疗、日常生活照料等多个方面的专业服务。该服务站以老人的需求为导向,用实际行动践行着"以人为本"的服务理念,努力为老人的健康和幸福保驾护航。这种实践案例无疑对其他地区适老服务的发展具有积极的借鉴意义。

(五)浙江省宁波市北仑区大碶街道九峰山社区养老服务中心

浙江省宁波市北仑区大碶街道九峰山社区养老服务中心是一个备受赞誉的养老服务机构。该中心以全方位服务为理念,致力于为社区老人提供饮食、住宿、医疗、文化娱乐等多个方面的服务,以满足老人在生活各个方面的需求。

九峰山社区养老服务中心以老人的需求为导向,提供个性化的服务。每位老人都拥有专属的服务方案,包括康复治疗、心理咨询等专业服务,以满足老人的不同需求。这种个性化服务模式使得每位老人都能得到最适合自己的服务,提高他们的生活质量。

中心设有舒适的住宿环境,为老人提供优质的住宿体验。每个房间都配备了现代化的设施和贴心的生活用品,让老人在温馨舒适的环境中安享晚年。同时,中心还有专业的厨师和营养师,根据老人的身体状况和饮食偏好,精心制作各种美味可口、富有营养的餐点,让老人在享受美食的同时,也能保持身体健康。在医疗方面,中心与周边医疗机构建立紧密合作关系,为老人提供全面的医疗服务和健康指导。中心设有专门的医疗室和康复室,配备有各种先进的医疗设备和器材,可以满足老人的日常医疗需求。专业的医生和护士团队为老人提供日常诊疗、康复训练等医疗服务,并根据老人的身体状况和健康需求,提供个性化的健康管理方案。在文化娱乐方面,九峰山社区养老服务中心也独具特色。中心设有阅览室、棋牌室、健身房等各种娱乐设施,为老人提供丰富多彩的文化娱乐活动。同时,中心还定期组织各种形式的文艺活动和社交活动,如书法比赛、健身活动、生日会等,让老人在轻松愉快的氛围中安享晚年生活。

总之,浙江省宁波市北仑区大碶街道九峰山社区养老服务中心通过全方位的服务理念和个性化的服务模式,为老年人提供饮食、住宿、医疗、文化娱乐等多个方面的服务。该中心以老人的需求为导向,用实际行动践行着"以人为本"的服务理念,用爱心和责任心为老人的健康和幸福保驾护航。这种实践案例无疑对其他地区适老服务的发展具有积极的借鉴意义。

第六章 适老产业与文化养老的融合发展

第一节 适老产业与养老文化的关联性分析

适老产业与养老文化之间存在密切的关联性。适老产业是针对老年人的需求和特点而发展起来的一个新兴产业,包括适老家电、健康网器、适老家居、行动便利等多个业务板块。养老文化则是一种以老年人的物质生活需求基本得到保障为前提,以满足精神需求为基础,以沟通情感、交流思想、拥有健康身心为基本内容,以张扬个性、崇尚独立、享受快乐、愉悦精神为目的的养老方式。

一、目标一致

适老产业与养老文化之间存在着紧密的关联性,这种关联性体现在它们的共同目标上,即为老年人创造一个更好的生活和养老环境。这种目标的一致性为适老产业和养老文化的发展提供了共同的方向和动力。

首先,适老产业的核心是提供适合老年人的产品和服务,以满足他们在生活中的各种需求。这包括适老化家居设计、辅助器具、健康照护、康复服务等方面。通过适老产业的发展,老年人的生活质量可以得到显著提高,他们的日常生活更加便利和舒适。这种产业的发展不仅仅是为了经济效益,更是出于对老年人群体的关注和关怀。

而养老文化则是一种价值观和生活方式的体现,它强调对老年人的尊重、关爱和照顾。养老文化倡导社会共同关注老年人的生活和健康,弘扬孝道、尊老、爱老的传统美德。通过养老文化的普及和推广,可以营造出关爱老年人的社会氛围,提高社会对老年人的关注度和包容度。

适老产业与养老文化的目标一致性体现在它们都为老年人的福祉而努力。适老产业通过提供适老化的产品和服务,满足老年人的实际需求,提高他们的生活质量。而养老文化则通过倡导尊老、爱老的价值观,推动社会对老年人的关注和照顾。这二者相辅相成、相互促进,共同为老年人创造一个更好的生活和养老环境。

在实际发展中,适老产业和养老文化可以相互借鉴、相互促进。适老产业可以借鉴养老文化的理念和价值观,将人文关怀融入产品和服务的设计中,使其更加贴合老年人的实际需求和心理需求。而养老文化则可以借助适老产业的发展,得到更广泛的传播和推广,使更多的人认识到关爱老年人的重要性。

二、相互促进

适老产业与养老文化之间存在着紧密的关联,二者相互促进,共同推动着老年人生活质量的提升和社会的进步。

首先,适老产业的发展是推动养老文化形成和发展的重要基础。随着人口老龄化的加剧,老年人的需求日益增长,适老产业应运而生,为老年人提供了多样化的产品和服务。这些产品和服务不仅满足了老年人的基本生活需求,还为他们创造了更加舒适、便利的生活环境。在这一过程中,适老产业不断创新和完善,推动着老年人生活方式的改变,进而促进养老文化的形成和发展。

其次,养老文化的繁荣和发展为适老产业提供了广阔的市场空间。养老文化强调的是对老年人的关爱、尊重和照顾,它的形成和发展使得老年人的消费需求日益增长。老年人对于适老化产品和服务的需求不仅局限于生活照料,还涉及医疗保健、康复护理、精神慰藉等多个方面。这为适老产业提供了巨大的市场潜力,推动着适老产业不断壮大和繁荣。

再次,适老产业与养老文化的相互促进还表现在服务质量的提升上。适老产业的发展推动着服务标准的制定和服务质量的提升,而养老文化的弘扬则强调了对老年人的人文关怀和服务精神的培育。二者结合,使得适老服务不仅能够满足老年人的物质需求,还能够关注他们的精神需求,提供更加人性化、温情化的服务。

最后,适老产业与养老文化的相互促进还体现在社会的进步上。适老产业的发展推动了老年人福利制度的完善和社会对老年人的关注度提高,而养老文化的弘扬则有助于形成尊老、爱老、助老的社会风尚。这种风尚的形成,不仅能够提高老年人的生活质量,还能够推动社会的和谐与进步。

三、共享价值观

当我们深入探讨适老产业与养老文化之间的关系时,不可避免地会触及它们的价值观。二者之间,存在着一种共享的价值观,这种价值观以尊重、关怀和满足老年人的需求为核心。

首先,适老产业和养老文化都肯定老年人的价值。它们视老年人为社会的重要成员,而非负担。在适老产业中,产品和服务的设计都以老年人的需求和喜好为出发点,体现出对老年人的尊重和关怀。在养老文化中,强调的是对老年人的理解和尊重,倡导社会大众关注老年人的精神世界,提高他们的生活质量。

其次,适老产业和养老文化都注重提供优质的服务和照顾。适老产业通过提供一系列的产品和服务,如老年宜居环境设计、健康管理、康复护理等,以满足老年人多样化的生活需求。而养老文化则强调对老年人的精神关怀,通过提供文化活动、心理咨询等服务,帮助老年人保持身心健康。

此外,适老产业和养老文化都追求创新和发展。随着社会的进步和科技的发展,适老产业不断引入新的技术和服务模式,提供更加便捷、高效的服务。养老文化也在不断发展,引入新的理念和方式,以适应老年人不断变化的需求。

总结来说,适老产业与养老文化的共享价值观体现在对老年人的尊重、关怀,提供优质的服务和照顾,以及追求创新和发展。这种共享价值观使得适老产业和养老文化能够相互促进,共同发展,为老年人创造一个更好的生活环境。同时,这种关联性分析也提醒我们,在发展适老产业和养老文化时,需要始终坚守这些价值观,以确保提供的服务和产品真正符合老年人的需求,让他们在晚年生活中感到有尊严、满足和快乐。

四、社会价值

一方面,适老产业与养老文化共同塑造了一个积极的老龄社会。通过提供一系列适老产品和服务,适老产业助力老年人更好地融入社会,享受生活的便利。而养老文化则通过弘扬尊老、爱老的社会风尚,提升老年人的社会地位,使老龄社会充满和谐与活力。

另一方面,它们在解决老龄化问题上具有不可估量的社会价值。随着老龄化的加剧,社会面临着诸多挑战。适老产业的发展,通过提供个性化的产品和服务,有助于提高老年人的生活质量,减轻家庭和社会的养老压力。同时,养老文化的普及,可以提升社会对老年人的关注度,进一步改善老年人的生活环境。

更为重要的是,适老产业与养老文化的健康发展对于社会经济具有积极的推动作用。适老产业的发展将带动相关产业链的发展,创造更多的就业机会,推动经济的持续增长。而养老文化的盛行,也将带动社会服务业的繁荣,为社会提供更多的就业岗位。

第二节　适老产业与文化养老的融合模式与效益

一、适老产业与文化养老的融合模式

(一)"医疗+康养"模式

"医疗+康养"模式,是一种在养老产业中集成了医疗服务和康养服务的综合模式。这种模式以满足老年人在身体、心理、社会等多方面的需求为目标,以专业的医疗团队、康复团队、文化团队为支撑,为老年人提供全面、连续、个性化的服务。

首先,从医疗服务方面来看,"医疗+康养"模式注重为老年人提供全面且专业的医疗服务。这包括疾病预防、治疗、康复等一系列过程。同时,该模式还强调疾病的早期筛查和诊断,通过定期的健康检查,实现疾病的早发现、早治疗。此外,专业的医疗团队也会根据老年人的身体状况,制订个性化的医疗方案,以最适合的方式帮助他们维护身体健康。

其次,康养服务在"医疗+康养"模式中扮演了重要角色。它主要包括身体康复、心理调适、营养指导、环境优化等一系列活动。比如,针对老年人的身体状况,制订适合的运动康复计划,帮助他们通过运动来

增强身体素质,提高生活质量。同时,心理调适服务则帮助老年人调整心态,保持乐观向上的精神状态。而营养指导则根据老年人的身体状况和需求,提供科学合理的膳食建议。

最后,文化元素的融入是"医疗＋康养"模式的另一大特色。这个模式十分注重在养老服务中融入各种文化活动,让老年人在享受专业服务的同时,也能感受到文化带来的精神满足。比如,组织各种书法、绘画、音乐等艺术活动,让老年人通过参与这些活动,感受到艺术的魅力,提升他们的精神生活质量。同时,这种模式的设施设计也充满了文化元素,让老年人在日常生活中就能感受到文化的气息。

除了以上三个方面外,"医疗＋康养"模式还注重与其他产业的融合发展。通过将护理、餐饮、医药、老年用品、金融、旅游、教育等多产业融合在一起,可以实现资源共享和优势互补,提高整个养老产业的综合效益。例如,可以为老年人提供一站式的养老服务,包括生活照料、医疗护理、康复理疗、文化娱乐等多个方面;可以与金融机构合作,推出针对老年人的金融产品和服务;可以与旅游机构合作,为老年人提供旅游服务的同时,还可以提供专业的医疗保障服务等。

(二)"养老＋文娱"模式

在适老产业与文化养老的融合中,"养老＋文娱"模式日益受到关注,它代表了养老服务的升级与发展方向。这一模式不仅关注老年人的基本生活需求,更将重点放在了满足他们的文化娱乐需求上,让老年人在养老过程中能够充分享受生活的乐趣。

首先,"养老＋文娱"模式肯定了文娱活动在老年人生活中的重要性。随着年龄的增长,老年人对于物质需求的追求逐渐减少,而对于精神文化的需求则日益增长。因此,这一模式通过提供丰富多彩的文娱活动,满足老年人对于艺术、文化、娱乐等方面的追求。这些活动不仅能够增添生活的乐趣,还能够提高老年人的身心健康,促进他们的社交互动。

其次,"养老＋文娱"模式注重个性化与多样性。每位老年人都有自己独特的兴趣和喜好,因此这一模式在服务设计上尽量满足个性化的需求。无论是音乐、舞蹈、书画、电影等娱乐活动,还是旅游、手工艺、园艺等休闲项目,都能够让老年人根据自己的兴趣选择。这种多样性和个性化不仅让老年人感到被尊重和关怀,还能够激发他们的活力和创造力。

同时,"养老+文娱"模式还注重与社会的互动与合作。它鼓励老年人积极参与社会公益事业,组织他们参与志愿者活动、社区建设等,让他们在社会中发挥余热,传递经验和智慧。这种互动与合作不仅能够促进老年人的社会参与感,还能够增进他们与社会的联系和交流。

此外,"养老+文娱"模式还关注文娱活动的教育性和益智性。通过组织各种学习班、讲座、展览等活动,老年人可以不断学习和提升自己的知识和技能。这些活动不仅能够激发老年人的学习兴趣,还能够促进他们的认知功能和思维活力。

(三)"养老+教育"模式

"养老+教育"模式是一种将老年教育与学院教育有机融合的综合发展模式,它通过创新养老业态,为老年人提供更加全面、高品质的教育服务,同时也带动了养老产业和教育的共同发展。

在这种模式下,养老和教育是相互融合、相互促进的。学院式养老不仅提供适合老年人的居住环境和设施,还注重老年人的学习需求和知识更新。通过与各大高校和教育机构合作,引入优质的教育资源,为老年人提供不同类型的课程和学习项目。

首先,"养老+教育"模式注重老年人的学习需求和知识更新。学院式养老通常会为老年人提供各种课程和学习项目,包括人文、历史、哲学、艺术、科技等多个领域,以满足不同老年人的兴趣和需求。同时,还可以组织各种研讨会、讲座和学术活动,邀请专业人士和学者为老年人讲解前沿知识和时事热点,使他们在享受晚年生活的同时,也能够保持学习的热情和动力。

其次,"养老+教育"模式注重老年人的社交需求和心理健康。学院式养老通常会为老年人提供一个充满学习和交流氛围的社区环境,使他们在学习中结交志同道合的朋友,拓展社交圈子。同时,通过与各大高校和教育机构合作,可以为老年人提供心理咨询服务、文化修养课程等,帮助他们排解心理压力,增强自信心和适应能力。

最后,"养老+教育"模式还注重培养老年人的创新思维和实践能力。学院式养老不仅提供传统的课堂教育,还通过各种实践活动和创客项目,为老年人提供发挥创造力和想象力的平台。例如,可以组织老年人参加手工制作、园艺、烹饪等多个创意工坊，让他们在实践中学习新技能、体验新乐趣，并激发创新思维。

（四）"养老＋旅游"模式

"养老＋旅游"模式是一种将养老与旅游产业紧密结合的综合发展模式。这种模式充分利用乡村的民居资源，通过盘活闲置的房屋，将其转化为旅游养老资源，实现了资源的有效利用和社会价值的最大化。

首先，"养老＋旅游"模式注重盘活闲置民居，提升旅游养老品质。在乡村地区，存在着大量的闲置房屋和宅基地，这些资源没有得到充分的利用和开发。通过将这些资源盘活，改造成养老住所和相关设施，可以提供更多的旅游养老服务。同时，盘活闲置民居还可以带动当地经济的发展，增加就业机会，提升乡村地区的整体发展水平。

其次，"养老＋旅游"模式注重做强"田园养老"，推动健康养老发展。田园养老是一种以乡村环境为依托，将养老与田园生活相结合的养老方式。通过将乡村民居改造成养老服务中心或养老公寓，为老年人提供一个环境优美、空气清新、生活舒适的居住环境。同时，还可以提供各种健康服务和文化娱乐活动，如田园采摘、农事体验、养生课程、文化讲座等，以满足老年人在养老过程中的多元化需求。

最后，"养老＋旅游"模式还注重打造特色小镇和乡村旅游线路，提升品牌形象。通过将乡村民居改造成具有特色的养老小镇和旅游景点，可以吸引更多的游客和养老人群前来参观和居住。同时，还可以根据当地的文化和自然资源，打造具有特色的乡村旅游线路，如养生之旅、文化之旅、美食之旅等，以提升旅游养老的品牌形象和市场竞争力。

（五）"养老＋科技"模式

"养老＋科技"模式是一种借助先进科技力量创新养老服务模式的综合发展模式。这种模式通过引入人工智能、物联网等前沿科技，为老年人提供智能化、个性化的服务，极大地提升了养老服务的质量和效率。

首先，"养老＋科技"模式注重利用人工智能技术，开发智能养老系统。这种系统可以通过传感器、摄像头、智能手环等设备，实时监测老年人的生命体征、位置信息等，为老年人提供紧急呼救、远程医疗、安全监控等服务。当老年人遇到突发情况时,可以通过智能养老系统迅速发出求助信号,获得及时的救援和医疗救治。同时,智能养老系统还可以根据老年人的健康数据和生活习惯,为其提供个性化的健康建议和养生方案。

其次,"养老＋科技"模式注重利用物联网技术,开发智能家居、智能康复器具等。智能家居可以通过智能照明、智能安防、智能控制等功能,为老年人提供更加舒适、便利的生活环境。智能康复器具则可以根据老年人的身体状况和康复需求,为其提供个性化的康复训练方案和辅助器具。这些智能设备的引入,不仅可以提高老年人的生活质量,还可以为老年人提供更加贴心、细致的照顾和关爱。

最后,"养老＋科技"模式还注重与其他产业的融合发展。这种模式可以与医疗、保险、旅游等多个产业进行合作,实现资源共享和优势互补。例如,可以与医疗机构合作,引入远程医疗技术,为老年人提供便捷的医疗服务;可以与保险公司合作,推出针对老年人的保险产品和服务,为其提供更加全面的保障;可以与旅游机构合作,为老年人提供定制化的旅游服务,让其享受更加愉悦的晚年生活。

二、适老产业与文化养老的效益

(一)社会效益

社会效益是适老产业与文化养老融合模式的重要体现。这种融合模式不仅可以促进社会经济的发展,还可以提升老年人的生活质量,弘扬中华民族尊老爱幼的优良传统,促进社会和谐。

首先,适老产业与文化养老的融合为社会创造了大量的就业机会。这种融合模式涉及的领域非常广泛,包括建筑、安装、设备购置、服务等多个领域。在这些领域中,需要大量的人力资源来完成各项工作。因此,适老产业与文化养老的融合为社会创造了大量的就业机会,有利于缓解社会就业压力。

其次,适老产业与文化养老的融合模式的实施有利于提升老年人的生活质量。这种融合模式以老年人的需求为中心,为老年人提供舒适、便利的生活条件。通过适老产业与文化养老的融合,让老年人享受到更加周到的服务,解决了老年人的实际问题,提高了老年人的幸福感和获得感。同时,这种融合模式还可以改善老年人的医疗保健条件,为其提供更加全面、及时的医疗服务。

此外,适老产业与文化养老的融合也有助于弘扬中华民族尊老爱幼的优良传统,促进社会和谐。老年人是社会中的弱势群体,需要得到更多的关注和帮助。适老产业与文化养老的融合模式以老年人的需求为中心,为老年人提供周到的服务,让老年人感受到社会的温暖和关爱。这种融合模式有助于促进社会和谐,弘扬中华民族尊老爱幼的优良传统,增强社会的凝聚力和向心力。

(二)经济效益

经济效益是适老产业与文化养老融合模式的重要考量。这种融合模式可以促进房地产市场和相关产业链的发展,为国家增加税收,促进经济发展。

首先,适老产业与文化养老的发展可以促进房地产市场的发展。老年公寓、养老院等适老改造项目的建设需要大量的房地产资源,这将推动房地产市场的发展。同时,这些项目的建设还可以为房地产市场提供新的需求,从而为房地产企业带来新的经济增长点。

其次,适老产业与文化养老的发展可以带动相关产业链的发展。老年公寓、养老院等适老改造项目的建设需要涉及多个领域,如建筑、装修、医疗、康复、旅游等。这些领域的发展将带动相关产业链的发展,为国家增加税收,促进国家经济发展。

此外,适老产业与文化养老的发展还可以促进消费和旅游产业的发展。老年人的消费能力逐渐提高,他们对于旅游、文化娱乐等方面的需求也在不断增加。适老产业与文化养老的融合模式可以满足老年人的这些需求,促进消费和旅游产业的发展。这将进一步推动经济增长,提高经济效益。

(三)健康效益

健康效益是适老产业与文化养老融合模式的重要考量。这种融合模式不仅可以提高老年人的生活质量,让他们在晚年享受到更加全面、细致的服务,还可以促进老年人的身心健康,预防失能失智、延缓身体衰老等。

首先,适老产业与文化养老的融合有利于提高老年人的生活质量。通过适老改造,老年人可以更加方便地使用各种家居用品和康复辅具,从而提高他们的自理能力和自信心。同时,适老产业与文化养老的融合还可以为老年人提供更加全面、细致的服务,让他们在晚年享受到更加舒适、便利的生活条件。

其次,适老产业与文化养老的融合有助于增强老年人的社交能力和幸福感。通过文化养老的推广,老年人可以参加各种文化活动和社交聚会,从而增强他们的社交能力。同时,这些活动还可以提高老年人的幸福感和获得感,让他们感受到社会的关爱和温暖。

此外,适老产业与文化养老的融合还有助于提高老年人的身心健康水平。老年人面临着身体衰老和失能失智等问题,这些问题对他们的健康和生活质量造成了很大的影响。适老产业与文化养老的融合可以为老年人提供更加全面的健康服务,包括预防失能失智、延缓身体衰老等。同时,这种融合模式还可以为老年人提供更加舒适、便利的生活条件,从而改善他们的生活质量。

(四)文化效益

文化效益是适老产业与文化养老融合模式的另一重要体现。这种融合模式不仅可以促进社会文化的繁荣和发展,还可以增强不同年龄段、不同背景的人们之间的相互了解与沟通,有助于传承和弘扬民族优秀传统文化。

一方面,适老产业与文化养老的融合为老年人提供了展示自我、交流思想的平台。老年人在一生中积累了丰富的经验和智慧,通过适老产业与文化养老的融合,老年人可以有机会展示自己的才艺和经验,与同龄人交流思想、分享人生经验。同时,这种融合模式还可以促进不同年龄段、不同背景的人们之间的相互了解与沟通,有助于增进社会凝聚力。

另一方面,适老产业与文化养老的融合有助于传承和弘扬民族优秀传统文化。我国有着悠久的历史和灿烂的文化,传统手工艺、民俗表演等都是宝贵的文化遗产。通过适老产业与文化养老的融合,可以将这些传统文化元素融入老年人的生活中,让老年人更好地了解和接受这些文化。同时,通过这种融合模式的推广,还可以吸引更多的年轻人关注和传承这些传统文化,从而促进文化的传承和发展。

(五)推动创新

推动创新是适老产业与文化养老融合模式的内在驱动力。这种融合模式需要不断地创新和探索,以适应日益变化的市场需求和社会环境,这有助于推动相关产业的发展和创新,从而为经济增长和社会进步提供新的动力。

首先,适老产业与文化养老的融合需要不断创新和探索新的商业模式。随着人口老龄化的加速和消费者需求的不断变化,老年人对适老服务和文化养老的需求也在不断变化。因此,为了满足老年人的需求,适老产业与文化养老的融合需要探索新的商业模式,引入新的技术和理念,不断创新和改进服务方式,以提高老年人的生活质量。

其次,适老产业与文化养老的融合需要加强跨行业合作,推动产业协同创新。这种融合模式涉及多个产业领域,如房地产、医疗、康复、旅游、文化等。为了实现资源的优化配置和产业的协同发展,需要加强跨行业合作,共同推动产业创新和发展。这种合作可以促进技术交流和创新,推动产业链的完善和发展,提高整个产业的竞争力。

此外,适老产业与文化养老的融合还需要鼓励创新创业,培养创新型人才。这种融合模式需要大量的创新型人才来推动产业的发展和创新。政府和企业应该加强对创新型人才的培训和教育,鼓励创新创业,为年轻人提供更多的创业机会和创新平台,以促进产业的持续发展。

第三节 适老产业与文化产业的合作机制与政策支持

一、适老产业与文化产业的合作机制

(一)创新驱动

适老产业与文化产业的合作机制在创新驱动下展现出强大的生命力。创新是推动新业态、新模式出现的重要动力,而这种动力在开发适合老年人的文化创意产品上得到了充分体现。

一方面,适老产业与文化产业的融合需要不断创新。随着市场需求的变化和消费者偏好的转变,老年人对适老服务和文化娱乐的需求也在不断升级。只有通过创新,才能在激烈的市场竞争中立于不败之地。例如,开发适合老年人使用的智能文化产品,提供定制化的文化服务,满足他们对精神文化生活的多元化、个性化需求。

另一方面,推动新业态、新模式的出现是适老产业与文化产业融合的重要方向。新业态、新模式始终以创新为引领,以技术手段为支撑,为市场带来全新的消费体验。例如,数字技术的运用使得适老产品和文化产品实现精准对接,从而为老年人提供更为便捷、高效的服务。此外,新业态、新模式还注重消费者体验,通过打造全新的商业模式和产业链条,让老年人在享受产品或服务的同时感受到文化创意的独特魅力。

在具体的实践过程中,适老产业与文化产业可以通过多种方式实现合作。

首先,双方可以在项目开发阶段展开深度合作,共同研究老年人的消费习惯和需求,为市场提供更具针对性的产品和服务。

其次,在市场营销阶段,双方可以通过联合推广、捆绑销售等方式,实现资源共享和互利共赢。

此外,适老产业与文化产业还可以在产业链上下游寻求合作机会,

共同打造一条完整的文化创意产品链条,从而为老年人提供更为丰富多样的文化产品和服务。同时,适老产业与文化产业在融合过程中还需要注重保护知识产权。知识产权是创新驱动发展的核心和关键。为了保护创新成果,双方需要建立健全知识产权保护机制,严厉打击侵权行为,维护公平竞争的市场秩序。

(二)市场运作

适老产业与文化产业的合作机制在市场运作下展现了强大的生命力,获得了实际效益。在政策支持的基础上,市场运作可以帮助养老机构与文化企业实现高效合作,共同开发适合老年人的文化产品和服务。

一方面,政策支持为适老产业与文化产业的融合提供了坚实的保障。随着国家对养老服务体系和文化产业的重视,相关政策不断出台,为养老机构与文化企业提供了更多的合作机会和发展空间。这些政策不仅包括财政资金支持、税收优惠等激励措施,还涉及简化审批程序、提供公共服务等便利措施。这些政策环境为养老机构与文化企业之间的合作创造了良好的条件。

另一方面,市场运作在适老产业与文化产业融合中发挥着主导作用。在政策支持的基础上,市场运作能够促进养老机构与文化企业之间的资源整合和优势互补。具体而言,养老机构可以借助文化企业的创意资源和生产能力,开发适合老年人的文化产品和服务,如文艺演出、文化讲座等。同时,文化企业可以借助养老机构的市场渠道和消费群体,拓展产品和服务的应用场景,提升品牌影响力。

在市场运作过程中,养老机构与文化企业可以采取多种合作模式。例如,养老机构可以与文化企业签订战略合作协议,共同开发适合老年人的文化产品和服务。养老机构还可以与文化企业共同举办文艺演出、文化讲座等活动,为老年人提供丰富多彩的文化体验。此外,养老机构与文化企业可以通过投资合作的方式,共同成立合资公司,专门进行适合老年人的文化产品的研发和推广。

(三)社会参与

在适老产业与文化产业的合作机制中,社会参与是不可忽视的一环。这种融合模式不仅关乎老年人的生活品质,更是在全社会层面上推动文化传承与创新的重要途径。

社会力量的参与对推动适老产业与文化产业合作具有重要的作用。

一方面,社会组织在老年人的文化生活中扮演着重要的角色。许多社会组织致力于为老年人提供丰富多彩的文化活动,如艺术展览、音乐会、讲座等,以提高老年人的文化生活品质。这些活动的组织与开展,不仅能让老年人感受到社会的关爱,还能促进他们融入社会,增强社会凝聚力。

另一方面,企业的参与为适老产业与文化产业的融合注入了更多的活力。许多企业通过赞助老年人的文化活动,为老年人提供资金和资源支持,提升企业的社会形象。这种合作不仅有助于企业回馈社会,还能为其赢得良好的社会声誉,进一步推动企业的可持续发展。

在具体的实践中,适老产业与文化产业可以通过多种方式实现社会参与。

首先,社会组织可以与养老机构合作,共同举办各类文化活动。例如,养老机构可以邀请社会组织共同策划文艺演出、书法比赛等活动,以满足老年人的精神文化需求。

其次,企业可以与养老机构签订赞助协议,为老年人提供资金支持。例如,企业可以赞助养老机构的文化活动,以提升企业的社会形象。

此外,社会力量的参与还可以促进跨区域合作。养老机构可以与社会组织和企业建立合作关系,共同推动适老产业与文化产业的发展。通过跨区域合作,可以促进不同地区之间的文化交流与互动,进一步推动文化产业的发展。

(四)服务体系建设

适老产业与文化产业的合作机制在服务体系建设方面可以实现优势互补,为老年人提供全面、细致的服务。

首先,建立完善的适老服务和文化服务体系,可以为老年人提供更加便捷、高效的服务。适老服务和文化服务体系包括养老机构的入住服务、医疗保健服务、日常照料服务,以及文化设施的参观、体验服务等内容。通过建立联系、共享资源,可以在保证服务质量的同时,降低服务成本,使老年人更加便捷地享受各类服务。

其次,适老产业与文化产业之间的合作可以实现文化传承与创新。老年人是社会的重要资源,他们拥有丰富的社会经验、文化传统和技艺。通过开展针对老年人的文化培训、技艺传承等活动,可以发掘老年人的潜力,促进文化的传承与创新。同时,这些活动还可以提高老年人的文化素养和参与度,增强他们的社会归属感和认同感。

在服务体系建设中,适老产业与文化产业可以采取多种方式实现合作。

首先,建立养老机构与文化设施之间的联系,为老年人提供便捷的文化服务。可以通过互联网技术,如大数据、人工智能等手段,实现信息的共享和服务的精准匹配。

其次,开展针对老年人的文化培训和文化传承活动。例如,可以借助社会组织的力量,通过各类培训课程、技艺比赛等活动,提高老年人的文化素养和参与度。

二、适老产业与文化产业的政策支持

(一)养老政策

适老产业与文化产业在政策支持方面相互融合,推动了养老政策的不断完善。这些政策包括养老服务、医疗保险、住房保障等多个方面,为老年人提供了全方位的保障和支持。

首先,养老服务政策是国家养老政策的核心内容之一。为了不断完善养老服务体系,国家相继出台了多项养老服务政策,如《关于推进基本养老服务体系建设的意见》《养老机构服务安全基本规范》《养老机构服务质量基本规范》等,以满足老年人在生活照料、医疗保健、文化娱乐等方面的需求。这些政策的实施有助于为老年人提供优质的生活服务。

其次,医疗保险政策也是养老政策的重要组成部分。国家为了保障老年人的医疗保障权益,出台了《中华人民共和国老年人权益保障法》《中华人民共和国社会保险法》等政策法规,明确了医疗保险的参保范围、缴费标准、报销比例等方面的规定,为老年人提供医疗保障。国家还鼓励社会力量参与医疗保险,减轻老年人的医疗负担。

此外,住房保障政策也是养老政策的重要方面。为了保障老年人的住房权益,国家出台了《中华人民共和国老年人权益保障法》等政策和

法规,政策的实施有助于为老年人提供舒适、安全、便捷的居住环境。

除了以上养老政策外,国家还针对文化产业出台了一系列政策。例如,《文化产业发展专项资金管理暂行办法》明确适老文化产业可申报国家文化产业发展专项资金。该政策对推动适老产业与文化产业的融合具有积极的作用。

（二）文化产业政策

适老产业与文化产业的政策支持紧密相连,其中文化产业政策是国家为了推动文化产业的发展而出台的一系列政策,这些政策为文化产业的发展提供了有力的支持和保障。

首先,国家针对文化产业制定了明确的发展规划。在《中华人民共和国国民经济和社会发展第十三个五年规划纲要》中,提出了要加快发展文化产业,推动文化产业成为国民经济支柱性产业。同时,国家还出台了多项文化产业发展规划,明确了文化产业的发展重点和方向。

其次,国家推进了文化体制改革,以适应市场经济的需要。在《关于深化文化体制改革的若干意见》等政策法规中,提出了要推进文化体制改革,促进文化产业发展。具体包括完善文化管理体制、推动文化市场综合执法、加强文化产业发展规划和管理等方面。这些政策的实施有助于提高文化产业的市场化程度和竞争力。同时,国家还加强了文化市场监管,以保障文化产业的健康发展。在《文化市场行政执法管理办法》《互联网文化管理暂行规定》等政策和法规中,明确了文化市场的管理原则和监管措施。这些政策的实施有助于维护文化市场的秩序和公平竞争,保障文化产业的可持续发展。

最后,国家还鼓励各地政府出台适合当地特点的适老文化和旅游政策,支持养老机构开展文化活动,提高老年人的文化生活品质。

（三）适老产业政策

适老产业与文化产业的政策支持紧密相连,其中适老产业政策是国家针对适老产业出台的一系列政策,旨在推动适老产业的发展,为老年人提供更好的生活和服务。

首先,国家针对适老产业提供了政策规划和立法保障。为了促进适老产业的发展,国家制定了《"十四五"国家老龄事业发展和养老服务体系规划》等文件,明确了适老产业的发展方向和目标。同时,国家还出台了《中华人民共和国老年人权益保障法》等法律法规,为适老产业的规范化、标准化发展提供了法律保障。

其次,国家针对适老产业的各个环节提供了政策支持。在适老改造方面,国家推出了《关于推进老年宜居环境建设的指导意见》等政策,加快了适老改造的进程。在老年用品开发方面,国家发布了一系列关于促进老年用品产业发展的指导意见和行动计划,鼓励企业加大老年用品的研发和生产力度。在康复辅具产业发展方面,国家出台了《国务院关于加快发展康复辅助器具产业的若干意见》等政策,推动了康复辅具产业的发展,为老年人提供更好的医疗康复服务。

此外,国家还针对适老产业加强了财税扶持和人才培养。为了支持适老产业的发展,国家设立了老龄事业发展专项资金和养老服务体系建设补助资金等,为适老产业提供了强有力的财税支持。同时,国家还加强了养老服务业人才队伍建设,实施了养老服务专业人才培养计划,为适老产业提供了专业化的人才保障。

(四)税收优惠政策

适老产业与文化产业的政策支持紧密相连,其中税收优惠政策是国家为了推动适老产业与文化产业的发展而出台的政策之一,这些政策为适老产业与文化产业的发展提供了税收支持和保障。

首先,国家针对适老产业与文化产业出台了免征增值税的政策。根据《中华人民共和国增值税暂行条例》和《营业税改征增值税试点过渡政策的规定》,对于符合条件的养老服务机构、文化创意产业、广告业等,可以享受免征增值税的优惠政策。这项政策的实施可以有效降低这些企业的经营成本,有利于推动适老产业与文化产业的发展。

其次,国家还针对适老产业与文化产业出台了企业所得税优惠政策。在《中华人民共和国企业所得税法》中,对于符合国家有关规定的养老服务机构、文化企业等,可以享受企业所得税的优惠政策。具体包括降低企业所得税税率、减免企业所得税等,以减轻企业的税收负担,有利于推动适老产业与文化产业的发展。

此外,国家还针对适老产业与文化产业出台了其他一些税收优惠政策。例如,《关于深入推进文化金融合作的意见》提出了要推进文化金融合作,对于符合条件的文化产业园区、文化企业等,可以享受税收优惠等政策支持。这些政策的实施有助于提高文化产业的市场竞争力,有利于推动文化产业的发展。

(五)金融支持政策

适老产业与文化产业的政策支持紧密相连,其中金融支持政策是国家为了推动适老产业与文化产业的发展而出台的政策之一,这些政策为适老产业与文化产业的发展提供了金融支持和保障。

国家通过金融机构为适老产业与文化产业提供贷款支持。例如,《关于金融支持养老服务业加快发展的指导意见》提出了要发挥开发性金融优势,为养老服务机构、养老社区等提供贷款支持,以推动养老服务业的发展。该政策的实施有助于降低适老产业与文化产业的融资成本,提高其经济效益和市场竞争力。

(六)人才培养政策

适老产业与文化产业的政策支持紧密相连,其中人才培养政策是国家为了推动适老产业与文化产业的发展而出台的政策之一,这些政策为适老产业与文化产业的发展提供了人才支持和保障。

首先,国家针对适老产业与文化产业出台了多项人才培养政策。例如,《国家中长期教育改革和发展规划纲要(2010—2020年)》提出了要加强人才培养体系建设,为适老产业与文化产业提供优秀的人才支持。《国务院关于加快发展现代职业教育的决定》则提出要大力发展职业教育,加强养老服务专业建设,培养适应老龄化社会需要的高素质养老服务人才。这些政策的实施有助于培养专业化的养老服务人才,提高养老服务的质量和水平。

其次,国家还通过多种途径加强适老产业与文化产业的人才培养。例如,《关于进一步加强老年文化建设的意见》提出了要加强老年文化人才培养,推动老年文化事业的发展。《文化部 国家旅游局关于促进文化与旅游结合发展的指导意见》也提出要加强文化旅游人才队伍建设,培养高素质的文化旅游人才。这些政策的实施有助于提高适老产业与文化产业从业人员的专业素质和技能水平。

此外,国家还鼓励高校和企业加强产学研合作,推动适老产业与文化产业人才培养。例如,《国务院办公厅关于深化产教融合的若干意见》提出了要推进产教融合,加强高校和企业之间的合作,培养适应市场需求的高素质人才。《国务院关于推进文化创意和设计服务与相关产业融合发展的若干意见》也提出要支持文化创意和设计服务企业与相关产业融合发展,加强人才培养和团队建设。这些政策的实施有助于培养专业化、实用型的人才,推动适老产业与文化产业的创新发展。

第七章

养老产业发展与适老改造

第一节 适老改造的概念与意义

一、适老改造的概念

适老改造是指为适应老年人的身心特点和需求,对老年人居住的环境进行改造和优化,以提高其生活质量。适老改造的目的是为老年人创造一个舒适、安全、便利的生活环境,以适应当代老年人的生理、心理和行为特征,为老年人的健康养老提供有力的支持。

适老改造的概念源于老年学和康复医学领域,强调针对老年人的具体情况进行个性化评估和设计,以解决老年人在日常生活中遇到的各种问题和困难。适老改造的范围广泛,包括但不限于以下几个方面。

居住空间的改造:居住空间的改造是指根据老年人的身体状况和需求,对居住空间进行个性化评估和设计,以确保老年人行走、起居和卫生等方面的安全。具体而言,居住空间的改造需要考虑老年人的身体特点,如身高、行动能力、感知能力等。例如,对于身体状况较差的老年人,需要增加室内空间的无障碍设施,如地面平整、无高差、易清洁等。此外,居住空间还需要根据老年人的生活习惯和喜好进行设计,如增加柔和的灯光、舒适的椅子和床铺、适当的通风口等,以提高老年人的生活品质和舒适度。

卫生设施的改造:对于身体状况较差的老年人,卫生间是他们日常生活中非常重要的一个场所,因此需要进行特殊的设计和改造。首先,卫生间需要满足无障碍、防水、防滑等条件,以确保老年人的安全和便利。其次,卫生间的设备和用品也需要便于清洁,以维护卫生和健康。例如,可以安装防滑地砖、增加扶手和淋浴座椅等,方便老年人使用。同时,还可以考虑采用智能马桶等智能家居产品,提高老年人的生活质量。

室内环境的改造:室内环境的改造是指根据老年人的喜好和需要对室内环境进行优化。例如,可以增加柔和的灯光、舒适的椅子和床铺、适当的通风口等,以提高老年人的生活品质和舒适度。此外,室内环境还需要考虑老年人的心理需求和情感需求,如需要有良好的采光和通风、温馨的色调和舒适的家具等。同时,也可以通过增加绿植、挂画等装饰元素来创造一个更加宜居和富有生活气息的室内环境。

室外环境的改造:室外环境的改造是指在公共空间中,应考虑老年人的出行和休闲需求,设置无障碍通道、扶手、休息区和照明设备等,以保证老年人的行动自由和舒适度。例如,可以铺设防滑地毯、安装护栏等无障碍设施,方便老年人出行;还可以在公共空间中增加绿化、座椅和遮阳设施等,为老年人提供一个舒适、宜人的室外环境。

通信设备的改造:为了方便老年人与家人和朋友的联系,可以配备可视门铃、智能电话、网络摄像头等通信设备,使老年人能够随时随地与他人保持联系。此外,还可以通过智能家居系统等技术手段,实现老年人对家庭环境的远程监控和控制,提高老年人的生活品质。

适老改造还需要考虑老年人的心理需求和情感需求。老年人在家庭和社会中具有重要的地位和作用,他们需要得到关注、尊重和支持。因此,适老改造不仅要满足老年人的基本生活需求,还要创造一个能够支持他们积极参与社会活动、保持独立自主和精神愉悦的环境。

二、适老改造的意义

适老改造的意义非常深远,不仅关系到老年人的生活质量,还关系到社会和家庭的未来。适老改造要适应老年人的身心特点和需求,对老年人居住的环境进行改造和优化,以提高其生活质量和安全性。这种改造可以解决老年人在日常生活中遇到的各种问题和困难,提高他们的自理能力和生活质量,使他们能够在舒适的环境中度过晚年生活。

适老改造的首要意义在于解决老年人在身体和认知方面所面临的问题。随着年龄的增长,老年人的身体机能逐渐退化,包括视力、听力、行动能力等,同时认知能力也会有所下降,如记忆力、理解能力等。这种身体和认知的退化会给老年人的日常生活带来许多困难和不便,例如起居、卫生、出行等方面的问题。

适老改造通过有针对性的措施,为老年人创造一个更加安全、便利的生活环境。例如,增加扶手、防滑地毯、安全插座等设施,可以有效地改善老年人起居和卫生等方面的安全问题。这些设施根据老年人的身体特性和需求进行设计,可以在日常生活中为老年人提供必要的帮助和支持,避免意外事故的发生。

同时,适老改造还可以通过增加柔和的灯光、舒适的椅子和床铺等设备,为老年人创造一个舒适的生活环境。柔和的灯光可以达到温馨、舒适的照明效果,舒适的椅子和床铺可以缓解老年人的身体疲劳,让老年人在家中获得更加舒适的生活体验。这些改造措施可以根据老年人的个人喜好和生活习惯进行定制化设计,以满足他们的个性化需求。

除了解决身体和认知问题,适老改造还可以提高老年人的生活品质和幸福感。老年人在家庭和社会中扮演着重要的角色,他们需要得到关注、尊重和支持。适老改造可以为老年人创造一个舒适、安全、便利的生活环境,让他们在晚年生活中享受到更多的便利和舒适。例如,通过增加社交空间、康复设施等元素,为老年人提供更多的社交和娱乐活动,提高他们的幸福感和社交参与度。这些改造措施可以激发老年人的生活热情和兴趣,让他们在家庭和社会中继续发挥积极的作用,实现他们的社会价值。

最后,适老改造可以减轻家庭和社会负担。随着人口老龄化的加快,老年人的照顾和护理问题已经成为社会和家庭的负担。适老改造通过改善老年人的生活环境,提高老年人的自理能力和生活质量,从而减轻家庭和社会负担。

第二节 适老改造的技术与设计要点

一、安全性升级

安全性升级是适老改造中至关重要的一环,它直接关系到老年人的生命安全和身体健康。

首先,地面防滑是安全性升级的重要组成部分。老年人身体平衡能力较差,遇到光滑的地板很容易滑倒,因此选择防滑性能好的地板是十分必要的。为了提高地板的防滑性能,可以选择使用防滑地砖、防滑地毯或者在地板上涂刷防滑涂层。这些措施可以增加地板表面的摩擦力,避免老年人意外滑倒。其次,消除尖锐角也是安全性升级的必要措施。在家居环境中,很多地方可能会出现尖锐的角,如桌角、柜角等。这些尖锐的角容易对老年人造成伤害,因此需要采取措施进行防护。可以在家具的设计和选择上,尽量选择圆润的边角,或者在角部安装防护套,以减少碰撞和划伤的风险。此外,扶手杆是各区域应设置的安全设施。扶手杆可以提供支撑和平衡,帮助老年人稳定身体,特别是在卫生间、厨房等湿滑或有台阶的地方,扶手杆更能发挥其作用。在各区域设置扶手杆,能够有效地提高安全性和舒适性。另外,紧急呼叫系统是家居安全的重要保障。老年人可能因为身体原因无法自主应对突发情况,而使用紧急呼叫系统能够及时向外界发出求救信号,便于及时得到救治。紧急呼叫系统的设计应考虑老年人使用方便和及时性,如在床头、卫生间等位置设置呼叫按钮,同时选择声音大、信号强的呼叫器,确保老年人能够及时发出求救信号。

最后,家居安全还需要注意电线和插座的位置。老年人的行动能力受限,插座位置不合理可能会增加触电的风险。为了避免触电事故的发生,应该选择安全可靠的插座和电线,避免电线裸露和乱接乱拉现象的发生,同时尽量避免将插座位置设置在低处或老年人的活动区域内。

二、卫生间改造

卫生间是老年人日常生活中非常重要的场所,因此对其进行改造以方便他们使用是十分必要的。

首先,安装扶手是卫生间改造的重要环节。随着年龄的增长,老年人的身体机能逐渐衰退,平衡能力降低,因此需要在卫生间设置扶手以帮助他们保持平衡和稳定。扶手应该安装在坚固的墙壁上,同时注意选择高度合适的扶手杆,以便于老年人抓握。

其次,使用防滑地垫是十分必要的。卫生间地面通常比较湿滑,老年人容易滑倒。因此,选择防滑性能好的地垫能够有效地提高老年人行走和如厕时的安全性。同时,在地垫的选择上也要注意易于清洁和耐用,方便日常维护。此外,选择易于操作的卫生设施也是卫生间改造的重点。老年人通常需要使用马桶、淋浴等卫生设施,因此要选择符合他们身体状况和需求的设施。例如,坐便器旁的助力扶手方便腿脚不便的老人使用;还可以选择具有防滑功能的淋浴凳,避免老年人在淋浴时滑倒。

最后，冬季取暖设施的舒适度是卫生间改造中需要考虑的重要因素。老年人对温度的感受较为敏感，因此需要设置取暖设施以提高冬季使用卫生间的舒适度。可以选择暖风、地暖等取暖设备，同时要注意设备的安装位置和出风口的设计，避免热量散失和老年人被烫伤等风险。

三、卧室改造

卧室是老年人休息和睡眠的主要场所，因此对其进行改造以提供安静、舒适和方便的环境是十分关键的。

首先，选择软硬适中的床垫是非常重要的。床垫过软或过硬都会对老年人的身体造成不良影响。软硬适中的床垫能够更好地支撑老年人的身体，有助于提高睡眠质量。在选择床垫时，应根据老年人的身体状况和需求来选择，如有脊柱疾病或关节问题的老年人应选择硬一些的床垫。

其次，使用易于调节的床头灯也是卧室改造中必不可少的。老年人需要一个柔和、温暖的照明环境，同时床头灯的高度和亮度也需要方便老年人调节。可以选择具有多种光线调节功能的床头灯，使老年人可以根据自己的需求和喜好来调节光线。此外，安装紧急呼叫装置也是卧室改造中非常重要的一环。老年人可能因为身体原因无法自主应对突发情况，而紧急呼叫装置能够及时向外界发出求救信号，便于及时得到救治。在卧室中设置紧急呼叫装置，应该要考虑老年人使用方便和及时性，如在床头、卫生间等位置设置呼叫按钮，同时选择声音大、信号强的呼叫器，确保老年人能够及时发出求救信号。

最后，卧室改造还需要注意隔音和装饰材料的选择。老年人需要一个安静的睡眠环境，因此需要对墙面、地面和门窗进行隔音处理。同时，在装饰材料的选择上，应选用环保、安全、易于清洁的材料，保持室内卫生清洁。

四、厨房改造

厨房改造是适老改造中的重要环节之一，因为它直接关系到老年人的饮食质量和健康。以下是对厨房改造的详细介绍。

首先，厨房的台面设计是改造的关键之一。台面的高度应该考虑老年人的身高和站立姿势，以方便他们烹饪。一般来说，台面的高度应该到达老年人的肘部,以便他们可以轻松地完成切菜、炒菜等操作。此外,为了使老年人更加舒适地烹饪,台面应选用防滑、易于清洗的材料,同时避免过多的棱角,以免老年人被划伤或碰到手部。

其次,厨房的储物柜设计也是改造的重要方面。储物柜应该设置在老年人站立时容易够到的位置,同时考虑老年人的身高和视线高度。此外,储物柜的锁和把手应该易于操作,以方便老年人打开和关闭。为了方便老年人快速找到所需物品,储物柜的内部也可以进行分类储存,如碗碟、调料、炊具等可以分别放置在不同的层面上。同时,厨房的电气设备也是改造的重要内容之一。老年人需要使用一些电气设备来完成烹饪工作,如电饭煲、电磁炉等。因此,这些电气设备应该选用简单易用的设计,以方便老年人操作。此外,为了避免老年人被烫伤,这些电气设备应该配备防烫手的手柄或防滑垫等设施。

最后,厨房的洗菜池和水龙头也是改造的重要内容之一。洗菜池和水龙头的高度应该到达老年人的肘部高度,以便他们可以轻松地洗碗、洗菜。此外,为了避免老年人被溅水弄湿,洗菜池和水龙头也应该选用易于操作、防溅水的设计。

五、便于护理

便于护理主要是为了方便老年人的日常生活以及为日后可能需要的医疗护理做好准备。以下是对便于护理的详细介绍。

首先,设计时需要留出护理空间。这个空间应该足够宽敞,以便提供护理服务的家庭成员或专业护理人员可以自由行动。同时,这个空间应该靠近老年人的卧室,以便随时关注老年人的需求并给予及时的护理。

其次,便于护理还需要考虑家具的设计。应该选择便于移动和调整的家具,以便为老年人提供方便的护理服务。例如,床头柜应该选择可以移动的,方便护理人员为老年人提供必要的医疗护理服务。此外,储物也是便于护理的一个方面。在家中应该设置足够的储物空间,以便储存老年人的医疗用品和个人物品。这些储物空间应该集中在护理空间附近,以便随时取用。另外,便于护理还需要考虑安全性和舒适性。为了确保老年人的安全,应该在家中设置相应的安全设施,如扶手、防滑垫等。此外,还应该为老年人提供舒适的休息环境,如舒适的椅子和床铺等。

最后,便于护理还需要考虑卫生间的设计。应该选择易于清洁和使用的卫生间设施,以便为老年人提供必要的护理服务。例如,应该选择易于清洁的地面材料,并设置便于使用的卫生设施。

六、标识设计

标识设计在适老改造中扮演着重要的角色,因为清晰的标识系统可以增加老年人的安全感,同时提高他们在住所中的自主性。

首先,进出口的标识设计是关键。老年人的记忆力可能会有所减退,因此在家中的主要进出口处应有明显的标识,如门牌、指示牌或地图等,以帮助他们轻松找到自己的方向。此外,每个房间的入口也应设置标识,包括门牌、图示或贴纸等,使老年人能够轻松识别每个房间的用途。

其次,功能区的标识设计同样重要。家中应设立清晰的功能区标识系统,如客厅、卧室、厨房、卫生间等,以便于老年人了解每个区域的功能。这些标识可以包括图示、文字或语音提示等,以适应不同老年人的需求。除了入口和功能区的标识设计外,房间内的标识也同样需要引起重视。例如,储物柜、床头柜、开关面板等应设置明显的标识,如贴纸、标签或图示等,以便于老年人快速找到所需物品或进行操作。另外,对于有特殊需求的老年人,如视力或听力减退的老年人,标识设计应考虑采用特殊的方法,如加大字体、使用鲜明的颜色或提供语音提示等,以确保他们能够顺利地识别各种标识。

最后,标识设计应考虑老年人的身体状况和心理特点。标识的字体和颜色应易于辨认和理解,避免使用过于复杂或难以理解的标识。同时,标识的位置和数量也应合理规划,以便于老年人轻松找到所需信息。

七、增设辅助设备

增设辅助设备是适老改造中针对老年人身体困难采取的有效应对措施。这些设备的设计应尽量贴合老年人的日常需求和生活习惯,以提供最大的便利性,同时也需注重其安全性和耐用性。

首先,折叠椅和移动式助行器是老年人进行室内或室外活动时常用的辅助设备。折叠椅应轻便易收,方便老年人在需要时能轻松展开及收起。移动式助行器则应具备较大的底部面积,提供足够的稳定性,并配有可调节高度的把手,以适应不同身高的老年人。另外,助行器应有足够的承重能力,确保老年人行走时的安全性。

其次,对于有进食困难或需要长时间坐立的老年人,防抖勺是一个实用的辅助设备。防抖勺能够防止食物因抖动而溢出,使得老年人可以更轻松地进食。选择防抖勺时,应注意勺子的材质和形状,确保其可以稳定地承载食物,同时易于清洗和消毒。对于有起立困难或需要额外支撑的老年人,座椅升降器也是一个值得考虑的设备。座椅升降器可以帮助老年人在座位和站立之间轻松切换,提高他们的活动能力。这种设备应具备简单易用的操作界面,以及足够的承重能力。

此外,为了帮助老年人在家中更方便地进行清洁和整理,还可以添置一些辅助设备,如吸尘器、拖地机、擦窗机等。这些设备应具备易于操作和移动的特点,以便老年人在使用过程中省力且方便。

八、室内环境优化

室内环境优化是适老改造中不可或缺的一环,因为一个温馨、舒适、宜居的室内环境对老年人的心理健康和身体健康至关重要。以下是对室内环境优化的详细介绍。

首先,采光和通风是室内环境优化的关键因素。老年人需要充足的自然光,因此窗户的大小和位置应设计得当,使阳光可以充足地照进室内。同时,应采用遮阳设施,如窗帘或百叶窗,以避免阳光过于强烈刺激。通风也是至关重要的,因为新鲜的空气可以保持室内空气的清新,避免空气污染。因此,在适老改造中应考虑空气流通的设计。

其次,色调和装饰也是室内环境优化的重要方面。老年人的视觉能力可能会有所下降,因此室内色调应以柔和温暖为主,如米色、淡黄色或浅蓝色等。这些色调可以营造一个温馨舒适的氛围。同时,墙壁和地板应采用防滑和易于清洁的材料,如防滑地砖或木地板。在装饰方面,适老改造应考虑老年人的生活习惯和个人喜好。例如,可以在卧室或客厅放置一些老年人喜欢的装饰品或家具,如照片墙、花卉或舒适的沙发等。这些装饰可以唤起老年人的情感共鸣,让他们感到更加温馨和舒适。

最后,室内环境的优化还需要考虑家具的设计。家具应简单实用,不要有过多的装饰,以方便老年人使用。同时,家具的边角和把手应采用圆润的设计,以避免老年人意外碰撞或摔倒。最后,室内环境的优化还需要考虑声音和温度的控制。老年人需要一个安静的生活环境,因此应采用隔音材料和设备,如隔音窗和门等。同时,温度的控制也是必不可少的,因为过冷或过热的环境可能会对老年人的身体造成不良影响。因此,应采用恒温设备,确保室内温度适宜。

九、智能化的应用

智能化的应用在适老改造中扮演着越来越重要的角色。通过引入智能化技术,我们可以为老年人提供更加便利、舒适和安全的生活体验。

首先,智能传感器是智能化的一个重要应用。这些传感器可以监测老年人的健康状况,如心率、血压、体温等,并将这些数据通过网络传输到智能家居系统。通过这些数据,我们可以及时发现老年人的身体异常,从而采取相应的措施来保障他们的健康。

其次,智能控制系统是另一个重要的智能化应用。这个系统可以通过智能手机、平板电脑或智能语音助手等设备控制家居设备,如灯光、空调、电视等。通过这个系统,老年人可以轻松地调节室内温度、开关灯光、观看电视等,提高他们的生活质量。此外,智能化的应用还可以帮助老年人更好地管理日常生活。例如,智能化的厨房设备可以帮助他们轻松地烹制营养均衡的餐点;智能化的卫生设备可以帮助他们轻松地清洁浴室和卫生间;智能化的娱乐设备可以帮助他们轻松地观看电影、听音乐等。

最后,智能化的应用还可以为老年人提供更加安全的生活保障。例如,智能化的安全系统可以在发生意外时及时报警或向亲属发送消息;智能化的照明系统可以在老年人起夜时提供柔和的光线,避免他们跌倒;智能化的用药提醒系统可以定时提醒老年人服药,避免药物漏服或过量。

十、家具和用品的适配

家具和用品直接影响老年人的生活质量,特别是对于那些身体状况较差的老年人。以下是对家具和用品适配的详细介绍。

首先,家具的设计需要符合老年人的身体状况。对于那些行动不便的老年人,家具的设计应避免过多的棱角,特别是尖锐的角。棱角可能会使老年人不小心碰到时受伤。因此,家具的边角应采用圆润的设计,或者安装防护套,以避免这种情况发生。另外,家具的高度和稳定性也是需要考虑的因素。例如,椅子、床头柜和储物柜等应该能够方便老年人在不用站立的情况下就能使用。同时,为了防止老年人因为视力减退而看不到家具,家具的颜色应选用鲜艳、对比度高的颜色。

其次,老年人使用的日用品也需符合他们的需求。例如,厨房的用具,如刀具、锅具等应该选用轻便、易于操作的款式。另外,选择储物盒、清洁剂等也应该遵循这一原则,以方便老年人在需要的时候能够轻松地使用。此外,对于有特殊需求的老年人,如需要使用轮椅的老年人,家具和用品的设计应考虑轮椅的尺寸和老年人的活动范围。例如,门的宽度需要足够大,以便轮椅可以顺利通过。

最后,家具和用品的适配还需要考虑老年人的心理需求。例如,老年人使用的家具和用品应该能够唤起他们的情感共鸣,或者让他们感到舒适和安全。同时,为了防止老年人感到孤独,家具和用品的设计也可以加入一些社交元素,如带有通话功能的电话、具有视频功能的电视等。

十一、无障碍设施

无障碍设施保障了老年人在家中行动的便利性和安全性。

首先,扶手是实现无障碍通行的重要设施之一。在各个区域,尤其是卫生间、厨房和卧室等地方,应设置合适的扶手杆,以帮助老年人保持平衡和稳定性。扶手杆的高度和直径应该根据老年人的身体状况和需求进行选择,以便于他们抓握。

其次,坡道是实现无障碍通行的另一个关键设施。在有高低差的地方,如走廊或楼梯等,应设置合适的坡道,以便于轮椅和其他助行器具的通行。同时,坡道的材料应该防滑,避免老年人滑倒。此外,消除高低差也是实现无障碍通行的重要措施。在家中应该尽量避免出现高低差,特别是对于使用轮椅的老年人来说,高低差可能会导致他们无法通过。因此,需要消除这些高低差,使老年人的通行更加便利。另外,轮椅回转空间是老年人家中必须留出的空间。老年人在家中使用轮椅时需要足够的空间来转弯和回转。因此,在装修时应该考虑到这一点,在各个区域留出足够的轮椅回转空间。

最后,急救转运空间是老年人家中需要特别考虑的。对于身体状况较差的老年人,他们可能需要在家中进行急救转运。因此,在老年人的卧室和其他主要活动区域之间应该留出足够的空间,以便于急救设备的进入和老年人的转运。同时,卧室和其他重要区域的门也应该足够宽,方便急救设备的进出。

第三节 养老产业发展对适老改造的影响

一、养老产业的发展推动了老年社区的建设

养老产业的发展确实推动了老年社区的建设,为老年人提供了更为便利的生活条件。老年社区不仅为老年人提供了舒适的居住环境,还为他们的日常生活提供了各种便利设施,如超市、医院、公园等公共设施。这些设施的建设为适老改造提供了良好的环境,让老年人在家中或社区中就能享受各种优质服务和便利设施。

首先,老年社区的建设使得老年人更加便利地购物。在老年社区中,一般都会设有超市或便利店等购物设施,老年人可以在这里轻松购买到各种日用品和食品,避免了因购买物资而需要频繁出远门的麻烦。此外,老年社区中的商店也会考虑到老年人的需求,为他们提供各种特殊商品,如营养保健品、医疗器械用品等,为老年人的生活提供了更为便捷的服务。

其次,老年社区的建设也使得老年人更加便利地享受医疗服务。在老年社区中,一般都会设有医院或医疗站等医疗机构,为老年人的身体健康提供保障。老年人可以在这里及时得到必要的医疗诊治,同时也可以在这里进行定期的健康检查,避免了因身体原因而需要频繁出远门看病的麻烦。

最后,老年社区的建设也考虑到了老年人的休闲娱乐需求。在社区中,通常会设有公园或文体中心等公共设施,为老年人的日常休闲娱乐提供了方便。老年人可以在这里散步、健身、打牌、下棋等,这些活动

不仅能够帮助他们锻炼身体,还能够促进社交,提高老年人的身心健康水平。

二、养老产业的发展催生了老年服务市场的繁荣

养老产业的发展确实催生了老年服务市场的繁荣,为老年人提供了多样化的服务,如医疗保健、生活照顾、心理咨询、旅游等,这些服务的繁荣也为适老改造提供了更多的机遇。

老年服务市场提供的多样化服务可以满足不同老年人的需求。老年人可以根据自己的需求和喜好选择不同的服务。例如,一些老年人可能需要医疗保健服务来维护自己的身体健康,而另一些老年人则可能需要生活照顾服务来维持自己的生活质量。此外,心理咨询和旅游等服务也可以为老年人提供更多的精神文化享受和娱乐活动。老年服务市场的繁荣也为适老改造提供了更多的机遇和挑战。随着老年人需求的不断增加,对老年服务市场也提出了更高的要求。这需要我们不断改进和创新服务,以满足老年人的需求。例如,在适老改造中,我们需要根据老年人的身体状况和需求,为他们提供更加舒适、便捷、安全的生活环境。为此,我们需要不断探索新的设计理念和技术手段,为老年人提供更加贴心、个性化的服务。同时,老年服务市场的繁荣也带来了一定的挑战。随着老年人数量的增加,老年服务市场的竞争也愈加激烈。在这种情况下,我们需要更加注重服务质量和服务信誉,提高自身的核心竞争力,以赢得老年人的信任和青睐。此外,老年服务市场也需要更多的专业人才来提供服务。这些人才需要具备专业技能和服务意识,能够为老年人提供更加优质、专业的服务。

三、养老产业的发展促进了老年金融产品的创新

养老产业的发展不仅促进了老年金融产品的创新,为老年人提供了更多的投资理财选择,同时也为适老改造提供了更多的资金来源和动力,为适老改造提供了更多的机会。

首先,养老产业的发展促进了老年金融产品的创新。这些创新包括储蓄存款、养老保险、理财产品、基金等多样化金融产品的出现,它们不仅满足了老年人的储蓄和投资需求,还可以帮助他们实现财富增值和保

值。这些金融产品的设计以老年人的需求为导向,为老年人提供了更加灵活、便捷的金融服务。此外,金融机构还为老年人提供专业的理财规划和投资咨询服务,帮助他们合理规划资产和规避投资风险。

其次,老年金融产品的创新为适老改造提供了更多的资金来源和动力。老年人可以通过购买养老保险、住房反向抵押贷款等金融产品,为自己的适老改造提供资金支持。这些金融产品为老年人提供了更多的资金选择,让他们能够更加自由地选择适合自己的适老改造方案。

此外,金融机构还可以通过发行债券、募集资金等方式,为适老改造项目提供融资支持。这些融资渠道为适老改造提供了更多的机会和动力,让更多的老年人能够享受到舒适、安全的居住环境。同时,金融机构也需要为适老改造提供专业的评估和咨询服务。在适老改造项目中,金融机构需要对老年人的经济状况、信用状况、还款能力等进行全面评估,以确保投资风险的可控性。此外,金融机构还需要为适老改造提供专业的融资方案和风险管理方案,以确保项目的可持续性和长期发展。这些服务能够帮助适老改造项目更加科学、规范地开展,提高改造质量和效果。

四、养老产业的发展推动了老年教育的发展

养老产业的发展推动了老年教育的发展,为老年人提供了更多的学习机会和娱乐活动,也为适老改造提供了更多的文化内涵和支撑。

老年教育是适老改造中不可或缺的一部分,它可以让老年人通过不断学习和社交,提高自己的认知能力和社交能力,并提高自己的生活质量。老年教育不仅可以丰富老年人的精神文化生活,还可以帮助他们更好地适应社会变化和科技进步,增强他们的自信心和幸福感。随着养老产业的发展,老年教育的形式和内容也变得越来越丰富。除了传统的老年大学、社区教育中心等机构外,现在还有网络远程教育和在线学习等新型老年教育方式。这些多样化的教育形式可以满足不同老年人的学习需求,提供更加便捷、灵活的学习机会。除了多样化的教育形式外,老年教育的内容也变得更加丰富多彩。老年教育不仅包括传统文化、历史、语言等方面,还涉及科技、艺术、健康等多个领域。老年人可以根据自己的兴趣和爱好选择不同的课程,通过学习来提升自己的综合素质,提高自己的社会参与度和生活质量。老年教育不仅为老年人提供了更多的学习机会和娱乐活动,也为适老改造提供了更多的文化内涵和支撑。适老改造不仅是简单的建筑改造和生活设施的完善,更是对老年人文化需求和情感需求的关注和满足。老年教育可以帮助老年人更好地理解和接受适老改造的理念和技术,更好地适应新的生活环境和设施。此外,老年教育也可以为适老改造提供更加专业的指导和建议。老年人可以通过参与老年教育活动,了解适老改造的标准和规范,掌握改造过程中的相关技巧和方法。同时,教育机构也可以为适老改造项目提供专业的评估和咨询服务,使改造项目更好地满足老年人的需求和期望。

五、养老产业的发展提升了城市功能和形象

适老改造并不仅仅是对老年人的生活环境进行简单改善,它更是一种对老年人的需求、城市的规划和发展以及社区的建设等多个方面进行融合和提升的重要手段。

首先,适老改造能够显著提升城市的功能。在改造过程中,城市的设计和规划需要更加关注老年人的生理和心理特点,这包括但不限于公共设施的布局、交通的便利性、环境的宜居性等方面。这不仅能够方便老年人的日常生活,也能够让他们在城市中获得更多的归属感和安全感。因此,适老改造对提升城市的整体功能有着重要的作用。

其次,适老改造对提升城市的形象也具有积极的影响。当一个城市积极地进行适老改造,它向外界传递出对老年人的尊重和关爱,这无疑增加了城市的吸引力。同时,这种改造也能够反映出城市对人口老龄化现象的积极应对,进一步提升了城市的形象。

另外,适老改造也能够促进城市社区的建设。在改造过程中,社区需要与老年人进行深入的沟通和交流,了解他们的需求和期望,这有助于增强社区的凝聚力。同时,适老改造也能够推动社区资源的优化配置,更好地满足老年人的生活需求,推动社区的可持续发展。

六、养老产业的发展促进了社会公平和谐

养老产业的发展对适老改造的影响重大,其中促进社会公平和谐是最具深远意义的影响。适老改造不仅仅关注老年人的生活需求,它更是在推动社会公平和谐方面发挥着积极作用。

首先,适老改造关注老年人的经济条件。在进行改造时,必须充分考虑老年人的经济承受能力,确保改造后的环境既满足他们的生活需求,又不会给他们带来过大的经济压力。这需要政府和社会各界共同努力,为老年人提供更多可负担的改造方案和选择。

其次,适老改造关注老年人的身体状况。老年人的身体状况差异较大,改造过程中应尽可能考虑到这些差异,提供适应不同身体状况的改造方案。例如,对于行动不便的老年人,需要提供无障碍设计和设施,方便他们的出行和生活。

再者,适老改造关注老年人的文化背景。不同文化背景的老年人在生活习惯、价值观等方面可能存在差异,改造过程中应尊重这些差异,提供多元化、包容性的改造方案。这有助于增强老年人的归属感和幸福感,进一步促进社会的和谐稳定。

此外,适老改造还注重人文关怀和社会公平。在改造过程中,需要与老年人进行深入的沟通和交流,了解他们的需求和期望。这不仅可以增强老年人的参与感和获得感,还可以促进社会公平和谐。通过充分考虑不同老年人的需求和实际情况,适老改造能够让更多老年人享受到社会发展带来的福利,进一步缩小老年人与其他年龄段人群之间的差距。

七、养老产业的发展推动了智慧养老的发展

养老产业的发展对适老改造的影响深远而重要,其中推动智慧养老的发展是最具创新性和前景的方面。智慧养老作为养老产业的一个重要方向,其核心在于利用智能化技术和设备,满足老年人的生活需求,提高他们的生活质量,同时也能够提高改造的效率和质量。

首先,智慧养老的推动将促进智能化技术和设备在适老改造中的应用。通过运用物联网、大数据、人工智能等先进技术,我们能够为老年人提供更加便捷、舒适和安全的生活环境。例如,智能家居系统可以根据老年人的生活习惯和需求,自动调节室内温度、照明和音乐等,为他们创造更加宜居的生活环境。

其次,智慧养老的推动将促进改造过程的科学化和规范化。通过智能化设备和系统的应用,我们可以更加准确地了解老年人的需求和状况,进而制订更加科学、规范的改造方案。例如,智能健康监测设备可以

实时监测老年人的身体状况和运动数据,为医护人员提供更加全面、准确的数据支持。

再者,智慧养老的推动将提高改造的效率和质量。智能化设备和系统的应用,可以使改造过程更加高效、准确和可控。例如,通过运用机器人技术进行施工和改造,可以大幅缩短改造周期和提高改造质量。

此外,智慧养老的推动还可以带动相关产业的发展。智慧养老的发展需要大量智能化设备和系统的支持,这将为相关产业带来巨大的商机和发展空间。同时,智慧养老的发展也将推动相关产业之间的融合和创新,为养老产业的发展注入新的动力。

八、养老产业的发展推动了绿色环保理念的实施

养老产业的发展对适老改造的影响深远而重要,其中推动绿色环保理念的实施是最具前瞻性和可持续性的方面。适老改造不仅关注老年人的生活需求,也注重环保和可持续发展,这使得绿色环保理念在养老产业中具有举足轻重的地位。

首先,适老改造注重选择环保的材料和设备。在改造过程中,需要关注材料和设备的健康性、环保性和可持续性。例如,使用可再生材料和低挥发性有机化合物的家具和建材,能够减少对环境和老年人健康的影响。同时,选择高效、节能的设备,可以减少能源消耗和碳排放,实现节能减排的目标。

其次,适老改造注重节能减排和生态保护。在改造过程中,需要尽可能地减少对环境的负面影响,同时增加对环境的贡献。例如,通过增加绿化面积,可以增加城市的氧气,也可以减少噪音和灰尘对老年人的影响。此外,合理规划排水系统,可以减少水资源的浪费,同时可以改善城市的生态环境。

再者,适老改造注重可持续发展。可持续发展是养老产业的重要发展方向,通过推动绿色环保理念的实施,可以促进养老产业的可持续发展。例如,通过建设绿色养老社区,可以吸引更多的老年人选择绿色低碳的生活方式,从而推动整个养老产业的绿色转型。

此外,适老改造还可以带动相关产业的绿色转型。通过在改造过程中使用环保材料和设备,可以促进相关产业向更加环保、可持续的方向发展。例如,环保材料的生产和应用将带动相关产业的绿色转型,同时

也会带来新的商机和经济增长点。

九、养老产业的发展创造了就业机会

养老产业的发展对适老改造的影响深远,其中创造就业机会是最具社会效益的方面。随着养老产业的不断发展,适老改造的需求也随之增加,这将为社会创造更多的就业机会,特别是为老年人提供护理和改造服务的工作岗位。

首先,养老产业的发展带动了改造服务需求的增加。随着老年人口的增长,老年人对居住环境的需求也日益增长。改造服务的需求包括适老性住房改造、无障碍设施安装、室内装修等一系列的改造工程。这些改造工程的实施需要大量的专业人才和技术支持,因此将创造更多的就业机会。

其次,养老产业的发展促进了护理服务的发展。老年人的身体状况和行动能力相对较弱,需要专业的护理服务来满足他们的生活需求。养老产业的发展为护理服务提供了更广阔的市场和发展空间。护理服务包括日常照料、医疗护理、心理辅导等多个方面,因此将创造更多的就业机会。

此外,养老产业的发展还将带动相关产业的发展。养老产业是一个涉及医疗、康复、旅游、娱乐等多个领域的综合性产业。这些领域的发展也将为社会创造更多的就业机会。

十、养老产业的发展提升了老年人的生活质量

养老产业的发展对适老改造的影响深远而重要,其中最核心的是提升老年人的生活质量。适老改造的目的在于满足老年人的生活需求,让他们在日常生活中感到更加舒适、安全和便利,从而提升他们的生活质量。

首先,适老改造能够改善老年人的居住环境。通过针对老年人的特殊需求进行住宅设计和设施配备,能够打造一个适合老年人居住的空间,让他们在日常生活中感到更加舒适和便利。例如,增加扶手、防滑地毯、安全护栏等设施,可以增加老年人的生活安全感。

其次，适老改造能够提高老年人的自理能力。随着年龄的增长，老年人的身体机能会逐渐减退，但是通过适老改造，可以提高他们的自理能力、自信心和生活质量。例如，增加便于操作的家具和卫生设施，可以让老年人更加方便地生活。

此外，适老改造还可以促进老年人的社交互动。通过对公共空间进行适老改造，我们可以为老年人提供一个更加舒适和便利的社交场所，增强他们的社交互动和社区归属感。例如，建设适合老年人使用的活动中心、图书馆和咖啡馆等场所，可以让老年人感到更加充实和有意义。

第八章

适老人才培养与适老服务体系建设

第一节　适老人才培养的现状与问题

一、人才缺口巨大

适老人才培养是指为适应老龄化社会的发展，培养具备为老年人提供专业服务的能力和素质的人才。当前，我国适老人才培养面临着巨大的人才缺口问题。

一方面，我国老年人口规模大、增长快，对具备专业能力的适老服务人才的需求量大。按照国际标准，每三位失能老人需要一位护理人员，根据中国老龄科学研究中心在京发布的《中国老龄产业发展报告（2021—2022）》，截至2022年末，我国60岁及以上老年人达到2.8亿，其中失能、半失能老年人大约4400万。在80岁以上的老年人群中，失能、半失能的约占40%，他们不同程度地需要医疗护理和长期照护服务。因此，需要超过千万名护理人员，但据相关数据，目前全国仅有50多万名相关护理人员，人才缺口巨大。

另一方面，当前我国养老护理人员数量严重不足，专业人才更是匮乏。尽管许多学校和机构开始开设养老服务相关专业和课程，但这些人才往往只具备基本的专业知识和技能，无法满足老年人日益增长的多层次、多样化服务需求。

二、培养体系不健全

适老人才培养是当前我国养老服务行业中重要而迫切的问题。然而，现有的培养体系尚不健全。

首先，我国养老服务人才的培养体系存在结构失衡的现象。目前，我国的养老服务人才培养主要依赖于职业教育，而缺乏更高层次的人才培养。这导致了人才队伍的素质参差不齐，难以满足社会对高素质、高技能养老服务人才的需求。

其次,我国养老服务人才的培养体系缺乏科学布局和合理分类覆盖。尽管有些地区已经开始重视养老服务人才的培养,但是整体上还没有形成科学布局和合理分类覆盖的培养体系。这不仅使得养老服务人才难以得到全面的培养和发展,也影响了养老服务行业的整体水平。

再次,过分倚重职业教育而缺乏高层次人才培养的问题,与美国等发达国家完善的学历层次和各有侧重的教育体系存在很大差距。我国的中、高职基础养老护理人才难以实现学历跃升,这不仅影响了他们的职业发展,也影响了他们的从业积极性和长期从业的意愿。

三、人才培养合力不足

适老人才培养是一个涉及多方面的复杂问题,需要政府、社会和企业等多方面的协同配合。然而,当前我国适老人才培养存在合力不足的问题。

首先,多部门多主体的协同配合模式尚未形成。适老人才培养需要政府、民政、卫生、教育等多个部门的支持和协作,但目前各部门之间的沟通和协调机制不够完善,存在信息不对称和重复工作的情况。这不仅影响了工作效率,也容易导致资源的浪费。

其次,政府、社会企业、高校层面协同的合力尚未得到充分发挥。尽管国家已出台了多个政策性指导文件,但由于各地经济发展水平、养老服务行业发展进程和教育基础条件不同,国家政策在执行层面存在较大差距。一些地方对政策的解读和落实程度不够,缺乏具体的实施细则和行动计划,导致政策执行效果不佳。

此外,发展不均衡的问题比较突出。由于各地区经济发展水平和教育基础的差异,适老人才培养的发展不均衡。一些地区可能因为资源不足、意识不强等原因,适老人才培养工作进展缓慢,而另外一些地区则可能因为重视程度不够、投入不足等原因,适老人才培养工作滞后。

四、区域分布不均衡

首先,养老服务人才在区域分布上存在差异。由于各地区的经济发展水平和教育基础条件不同,养老服务人才的培养和发展也存在差异。一些发达地区由于经济实力强、教育资源丰富,对养老服务人才的需求较大,而一些欠发达地区则因为资源不足、条件有限,难以吸引和培养足够数量的养老服务人才。

其次,养老服务人才配备滞后。在一些地区,由于人才培养体系不健全、政策落实不到位等多方面的原因,养老服务人才配备滞后于养老服务行业的发展。这种情况不仅影响了养老机构的入住率和服务质量,也影响了老年人的生活质量和幸福感。

最后,区域不均衡现象影响了养老服务的整体发展。由于发达地区和欠发达地区在养老服务人才供给和需求上的差异,养老服务难以在全国范围内实现均衡发展。这种区域不均衡现象不仅容易拉大地区之间的差距,也影响了全国养老服务行业的整体发展。

五、专业知识储备不足

首先,养老服务工作的特殊性和专业性决定了专业人才需要具备医学、护理、社会学等方面的专业知识。但是,当前我国养老服务人员往往缺乏相关的专业知识和技能,这使得他们在面对一些老年人的特殊需求时,难以提供有效的解决方案。

其次,养老服务人员需要掌握多元化的知识和技能。除了基本的医学和护理知识外,他们还需要了解社会学、心理学、营养学等方面的知识。这些多元化的知识和技能可以更好地满足老年人的需求,提高他们的生活质量。然而,由于多方面的原因,如教育体系不够完善、培训资源不足等,养老服务人员难以获得多元化的知识和技能。这不仅影响了他们的服务质量,也影响了他们个人的职业发展和长远发展。

六、职业道德素养有待提高

首先,职业道德素养是护理人员不可或缺的一项重要素质。它包括对老人的尊重、关爱和责任心,以及对工作本身的敬业精神等。当护理人员的职业道德素养不够高时,他们可能会对老人产生冷漠、粗暴的态度,甚至会引发对老人的虐待行为。

其次,职业道德评价机制的缺乏也是当前适老人才培养中存在的问题之一。建立一个科学、客观的职业道德评价机制,可以帮助提高护理人员的职业道德素养,同时也能够监督和约束他们的行为。然而,由于我国养老服务行业的发展尚处于初级阶段,职业道德评价机制建设还相对滞后。这使得一些职业道德素养较差的护理人员难以得到有效的约束和惩罚。

七、职业晋升空间有限

首先,养老服务工作的社会地位不高。尽管养老服务行业对社会发展和老年人的生活具有重要的作用,但由于传统观念和认知的限制,养老服务工作的社会地位并未得到足够的认可和重视。这导致从事养老服务工作的人员难以获得社会的尊重和认可,影响了他们的职业自豪感和归属感。

其次,职业晋升空间有限。由于养老服务工作的社会地位不高,该行业的职业晋升空间相对有限。许多养老服务人员在长期从事该行业后,难以获得更高的职业地位和更好的发展机会,这使得他们对未来职业发展缺乏信心,进而影响了他们的工作积极性和服务质量。职业晋升空间有限还表现在职业薪酬上。由于职业晋升空间有限,养老服务人员的职业薪酬普遍偏低,这不仅影响了他们的工作积极性和工作质量,也影响了他们的生活水平和职业满足感。

八、校企合作不够紧密

首先,目前的养老人才培养主要依靠学校和培训机构,企业参与度较低。这导致了学校和养老机构之间的联系不够紧密,学校对养老服务行业的实际需求和发展趋势了解不够深入,难以准确地把握人才培养的方向和重点。

其次,由于企业参与度较低,学校与养老机构之间的合作机制不够完善。这使得学校在人才培养过程中难以充分利用养老服务行业的资源和优势,难以将理论知识与实践技能相结合,提高人才培养的针对性和实用性。

校企合作不够紧密还表现在学校与养老机构之间的信息交流和共享方面。由于缺乏有效的信息交流和共享机制,学校和养老机构之间的信息不对称现象较为严重,这使得学校难以了解养老服务行业的实际需求和发展趋势,同时养老机构也难以了解学校的人才培养情况和成果,从而影响了双方的合作和共同发展。

第二节 适老人才培养的策略与措施

一、加强政策支持

在解决适老人才培养问题的过程中,加强政策支持是关键。政府应加大对养老服务人才培养的投入力度,制定并实施一系列相关政策,鼓励社会力量参与养老服务人才培养和队伍建设,推动养老服务行业的稳步发展。

首先,政府应提高对养老服务行业的重视程度。养老服务行业的发展不仅关系到老年人的生活质量,也关系到社会的和谐与稳定。因此,政府应将养老服务行业的发展纳入社会经济发展的总体规划中,制定相应的政策,推动养老服务行业的健康发展。

其次,政府应加大对养老服务人才培养的投入力度。通过加大资金投入力度,提高养老服务人才培养的水平和质量。这些资金可以用于支持学校开设养老服务相关专业和课程,提高教育教学水平;可以用于建设实践实训基地,提供真实的工作环境和实践机会;可以用于鼓励社会力量参与养老服务人才培养和队伍建设等。同时,政府还可以通过减免税收、给予补贴等方式,鼓励企业和社会力量参与养老服务人才培养和队伍建设。这样可以有效调动社会力量的积极性和主动性,推动养老服务行业的多元化发展。此外,政府还可以通过开展宣传教育活动,提高公众对养老服务行业的认识和了解,让更多的人认识到养老服务行业的重要性和必要性,从而更加积极地参与到养老服务行业中来。

最后,政府应建立健全政策落实和监督机制,制定相应的政策落实措施,确保各项政策能够得到有效落实,同时也保障社会各方面的利益。

二、建立健全培养体系

要解决适老人才培养的问题,关键在于建立健全培养体系。这需要以职业教育为主,学历教育、继续教育和职业培训相互结合,全面提升养老服务人员的素质和能力。

首先,我们要以职业教育为主导。职业教育机构应积极开设与养老服务相关的专业和课程,并优化教育教学模式,确保学生能够获得实用的技能和知识。同时,要注重实践环节的教学,让学生在实际操作中理解和掌握专业知识,提高他们的实践能力。

其次,要加强中、高职基础养老护理人才的培养。护理人员是养老服务行业的重要基石,他们的素质直接决定了养老服务的质量。中、高职教育应注重培养护理人员的专业技能和职业道德素养,让他们具备基本的医疗护理技能和良好的服务态度。在学历教育方面,应鼓励高校和职业院校开设养老服务相关专业,提供高等学历教育。这不仅可以为养老服务行业培养高层次的管理人才和技术人才,也有助于提升行业的整体水平。同时,开展研究生层次的教育和培训,可以提高养老服务人才的理论素养和研究能力,推动行业向更高层次发展。继续教育和职业培训也是必不可少的环节。由于养老服务行业的快速发展,许多新的理论和技术不断涌现,这就需要我们持续进行知识和技能的更新。通过开展各种形式的继续教育和职业培训,我们可以确保养老服务人员具备最新的知识和技能,提高他们的职业素养和实践能力。

最后,实践实训基地的建设是重中之重。我们需要加强养老服务实践实训基地建设,提供真实的工作环境和实践机会,让学生或在职人员能够在实践中将理论知识转化为实际行动。同时,实践实训基地还可以作为评价和反馈机制的重要环节,帮助我们更好地了解和评估人才培养的效果。

在实施以上策略与措施时,政府、企业和社会各界需要密切合作,共同参与。政府应提供政策引导和支持,企业应积极参与人才培养过程,学校和社会机构则应积极开展教育和培训工作。只有各方形成合力,我们才能有效地解决适老人才培养的问题,推动养老服务行业的健康发展。

三、推进校企合作

为了更好地应对养老服务人才的短缺和提升服务质量,学校和养老机构之间的校企合作是至关重要的。通过紧密的合作,学校和养老机构可以互相支持,共同推进人才培养,以提供更加实用、针对性更强的养老服务。

首先,学校可以邀请养老机构参与课程设置、教材编写和教学实施等环节。通过养老机构的参与,学校可以更好地了解养老服务行业的实际需求和发展趋势,从而调整和优化课程设置,使教材更具有实用性和针对性。在教学方法上,可以引入养老机构的实际案例,让学生更好地理解和掌握养老服务的知识和技能。

其次,学校可以为养老机构提供专业指导和人员培训等服务。学校拥有丰富的教学资源和专业的师资力量,可以针对养老机构的实际情况,为其提供专业的指导和培训,提高养老机构的服务质量和管理水平。同时,学校还可以协助养老机构进行人员培训,提升员工的业务能力和素质。另外,学校和养老机构可以共同开展科研项目,推动养老服务技术的创新和发展。通过合作,学校和养老机构可以共享资源,优势互补,共同推进养老服务行业的发展。此外,学校还可以通过建立实习基地等方式,加强与养老机构的合作。学校可以邀请养老机构来校进行招聘,或者推荐优秀的学生到养老机构实习或就业,促进人才的有效流动。

最后,政府应发挥引导和监督作用,制定相应的政策和法规,鼓励学校和养老机构加强合作。同时,政府还可以提供一定的资金支持,帮助学校和养老机构更好地开展合作项目。

四、加强培训和管理

为了提高养老服务的质量和水平,我们必须要加强培训和管理。只有通过全面、系统、专业的培训,才能使服务人员具备必要的知识和技能,从而胜任养老服务工作。同时,我们还要建立完善的管理制度,确保服务人员遵守行业规范,提供优质服务。

首先,必须要对养老服务人员进行全面的专业知识和技能培训。培训的内容应包括老年人的生理和心理特点、护理技能、沟通技巧、安全防范等方面。同时,我们还要通过模拟实操等方式,让服务人员熟练掌握这些技能。此外,我们还应鼓励服务人员参加各类职业培训和教育活动,以提高他们的专业素养和综合能力。

其次,我们还要建立完善的管理制度,加强对服务人员的监管。管理制度应包括岗位责任制度、工作流程规范、服务质量评估标准等,确保服务人员遵守行业规范,提供优质服务。同时,我们还要建立有效的激励机制,鼓励服务人员积极进取,提高服务质量。此外,我们还要关注服务人员的心理健康问题。由于养老服务工作的特殊性质,服务人员可能会遇到各种困难和压力,因此我们需要为他们提供必要的心理支持和辅导。这可以通过定期开展心理健康讲座、提供心理咨询服务等方式来实现。

最后,我们还要加强对服务人员的职业规划和发展支持。这可以通过提供职业晋升机会、鼓励他们参加各类培训和教育活动等方式来实现。同时,我们还要建立健全的人才流动机制,让他们在不同岗位之间进行流动,以便更好地发挥他们的作用和能力。

五、推广"养老+"和"养老人才+"

在当今社会,随着老龄化现象的日益凸显,养老服务行业的发展已成为社会关注的焦点。为满足老年人的需求,提升养老服务的质量,必须采取一系列策略与措施,其中最为关键的是推广"养老+"和"养老人才+"。

"养老+"是一种全新的养老服务理念,它将养老服务与其他产业进行深度融合,为老年人提供更加多元化、个性化的服务。例如,将养老与医疗、康复、旅游、文化等产业相融合,可以创新出多种服务模式,满足不同老年人群体的需求。而"养老人才+"则是以培养优秀的养老服务人才为核心,通过与高校、研究机构、企业等进行深度合作,共同研发养老服务人才培养和认证标准,推进产教融合、校企合作。通过这种方式,我们可以构建一个系统化、科学化、实用化的养老服务人才培养体系,培养出更多具备专业技能和良好职业道德素养的养老服务人才。在推广"养老+"和"养老人才+"的过程中,新媒体和互联网的作用不可忽视。通过运用新媒体平台和互联网技术,可以迅速普及"养老+"和"养老人才+"的理念,扩大其影响力。例如,可以通过社交媒体、短视频平台等向公众普及养老服务知识,推广养老服务新模式,吸引更多人关注和加入养老服务行业。同时,还可以建立互联网平台,整合养老服务资源,为老年人提供线上线下一体化的服务。通过互联网平台,老年人可以轻松地预约服务、购买产品,而服务提供者则可以及时了解老年人的需求,为他们提供更加贴心、便捷的服务。

六、创新人才培养模式

随着养老产业的快速发展,对适老人才的需求也日益增加。为了满足这一需求,创新人才培养模式成为必要。下面介绍一些创新的人才培养模式,以提高适老人才培养效果。

首先,线上和线下相结合的教学方式是当前较为流行的一种人才培养模式。通过线上教学提供理论课程和虚拟实验,线下教学进行实践操作和实地训练,可以更好地满足老年服务人才的培养需求。线上教学具有便利性和可重复性的特点。学生可以在任何时间、任何地点学习,并且可以自由安排学习进度。此外,线上教学还可以通过虚拟实验和模拟训练等方式,帮助学生更好地理解和掌握理论知识。线下教学则注重实践操作和实地训练。学生可以在教师的指导下,通过实际操作和实地训练,将理论知识应用到实践中,更好地掌握专业技能。

其次,虚拟现实技术的情景模拟训练。虚拟现实技术的情景模拟训练是一种非常有效的适老人才培养方式。通过虚拟现实技术,可以模拟真实的工作场景和老年人情况,帮助学生更好地掌握老年人的生理和心理特点,提高服务质量和水平。此外,虚拟现实技术的情景模拟训练还可以帮助学生克服实际操作中的困难和不足之处。例如,在老年人的生活照料中,有一些操作需要非常细致和耐心,通过虚拟现实技术的情景模拟训练,学生可以在没有真实老年人参与的情况下,反复练习操作技巧和方法,提高服务技能和质量。

最后,以实践为主导的实地教学是适老人才培养中非常重要的一环。通过实地教学,学生可以深入了解老年人的生活和心理需求,掌握实际操作中的技巧和方法,提高服务水平和质量。实地教学可以安排在养老机构、社区和家庭等场所进行。学生可以在教师的指导下,通过亲身实践和观察,学习和掌握老年服务的基本技能和方法。此外,实地教学还可以帮助学生了解老年人的实际情况和需求,更好地为老年人提供服务。

七、加强国际合作与交流

随着全球人口老龄化的加剧,养老产业的发展已经成为各国共同关注的焦点。在这个背景下,加强国际合作与交流,引入国外先进的适老人才培养理念、方法和技术,提高我国适老人才培养的水平,已经成为我国养老产业发展的重要方向。

首先,通过与国外先进养老机构的合作,我们可以引入他们在适老人才培养方面的成功经验和技术。这些经验和技术包括:如何根据老年人的需求和特点进行服务设计,如何提高服务质量和效率,以及如何进行有效的管理和运营等。例如,一些国家的养老机构在适老改造方面有着丰富的经验和专业的技术,可以通过合作帮助我国的养老机构进行改造和提升。

其次,通过国际合作与交流,我们还可以开阔从业人员的国际视野。参加国际会议、研讨会和培训班等活动,可以使从业人员接触到国外先进的理念和技术,了解国外养老产业的发展动态和趋势。这些活动不仅可以提高从业人员的专业素质和技能水平,还可以帮助他们拓展人脉和资源,为未来的职业发展打下坚实的基础。例如,我国的养老服务从业人员可以通过参加国际培训班或研讨会,学习国外先进的照护理念和服务模式,从而应用到实际工作中。

最后,通过国际合作与交流,我们还可以促进中外养老机构的合作与发展。通过合作,中外养老机构可以共同开发新的服务项目和模式,提高服务水平和质量。同时,他们还可以互相学习和借鉴,共同推动养老产业的发展和创新。例如,中外养老机构可以联合开展适老改造、康复医疗、文化娱乐等方面的合作,共同研发新的服务项目和模式,提高老年人的生活质量和满意度。

加强国际合作与交流是提高适老人才培养水平的重要策略与措施。在实施这一策略时,我们需要注意以下几点:

选择合适的合作伙伴:我们需要选择具有经验和专业知识的国外养老机构或组织作为合作伙伴,以确保能够获得先进的理念、方法和技术。

学习和借鉴先进经验:我们需要认真学习和借鉴国外养老机构的先进经验和技术,并结合我国的实际情况进行创新和应用。

加强人员交流:我们需要加强与国外同行之间的交流,建立联系网络,以便于后续的合作与交流。

关注文化差异:在合作过程中,我们需要关注文化差异对交流和合作的影响,并尊重彼此的文化背景和习惯。

八、提升服务意识

提升服务意识是适老人才培养的重要策略与措施。在养老产业中,服务意识和态度不仅影响老年人的生活质量、幸福感和满意度,同时也决定了养老机构的声誉。因此,注重提升适老人才的服务意识,培养从业人员的服务理念和人文关怀精神,对推动养老产业的可持续发展具有至关重要的作用。

首先,服务理念是对服务的价值观和信念的认同,是指导服务行为的前提。提升服务意识和态度首先需要培养从业人员的服务理念。具体而言,培养服务理念可从以下几个方面入手:

树立以老年人为中心的服务理念:从业人员应认识到老年人是服务的核心,一切工作都应以满足老年人的需求为出发点和落脚点。在服务过程中,应尊重老年人的尊严、价值和需求,将老年人的利益放在首位。

强化"以人为本"的服务意识:从业人员应认识到服务不仅仅是提供物质上的满足,更是关注老年人的精神需求和心理健康。因此,应注重与老年人的沟通与互动,关注他们的情感需求和心理变化。

树立优质服务的理念:优质服务是提升老年人满意度的重要保障。从业人员应不断提升自身的专业素质和技能水平,为老年人提供高质量、高效率的服务。

其次,人文关怀精神是对人的关注、尊重和关爱,是服务老年人的重要素质。提升服务意识还需要培养从业人员的人文关怀精神。具体而言,培养人文关怀精神可从以下几个方面入手:

关注老年人的生活状况:从业人员应关注老年人的日常生活,了解他们的生活习惯、饮食偏好等,为老年人提供贴心、舒适的生活服务。

尊重老年人的差异和个性:老年人之间存在差异,包括身体状况、心理特征、兴趣爱好等方面的差异。从业人员应尊重老年人的差异和个性,为他们提供个性化的服务。

关注老年人的多元化需求:老年人的需求具有多样性和复杂性。

从业人员应通过与老年人的沟通,了解他们的多元化需求,为他们提供多元化、全方位的服务。

再次,提升服务意识和态度最终要体现在提高服务质量和水平上。高质量的服务不仅能提升老年人的幸福感和满意度,还能提升养老机构的口碑和竞争力。提高服务质量和水平可从以下几个方面入手:

加强专业技能培训:针对养老服务的专业技能要求,对从业人员进行系统培训,提高他们的专业素质和服务技能。

推行标准化服务:制定并执行服务标准和规范,使从业人员在服务过程中有章可循,提高服务的规范性和一致性。

鼓励创新服务模式:鼓励从业人员在服务过程中创新服务模式,改进服务流程,提高服务效率和质量。

建立有效的激励机制:通过设立奖励制度、晋升机制等方式,激励从业人员积极提升自身素质和服务质量。

最后,建立完善的服务管理体系是提升服务意识和态度的重要保障。通过建立服务管理体系,可以规范从业人员的服务行为,确保服务质量和水平的稳定和提升。建立完善的服务管理体系可从以下几个方面入手:

制定服务标准和规范:根据老年人的需求和养老机构的特点,制定服务标准和规范,使从业人员在服务过程中有据可依。

加强服务流程管理:对服务流程进行全面管理和优化,提高服务的整体效率和满意度。

建立服务质量评估机制:定期对从业人员的服务质量进行评估,并将评估结果与奖励、晋升等挂钩,激励从业人员提升服务质量。

提供职业发展路径:为从业人员提供清晰的职业发展路径和晋升机会,激发他们的工作积极性和创新精神。

九、建立人才激励机制

在适老人才的培养过程中,建立一套完善的激励机制对提高从业人员的积极性和创新精神具有至关重要的作用。一个有效的人才激励机制不仅可以激发从业人员的工作热情和动力,还可以吸引和留住优秀人才,提高整个养老服务行业的服务质量和水平。以下是一些具体的策略和措施。

首先,为了激励从业人员更好地服务于老年人,可以设立一套奖金和奖励制度。该制度可以根据从业人员的工作表现、服务质量、老年人满意度等因素进行评估,并给予相应的奖金、津贴或者荣誉等奖励。这些奖励可以进一步激发从业人员的工作热情和动力,提高他们的工作积极性和效率。

其次,职称晋升是激励从业人员不断提高自身素质和专业水平的有效手段。在适老人才培养的背景下,建立一套完善的职称晋升机制,根据从业人员的专业素质、业务能力和贡献等因素,给予相应的职称晋升机会,可以有效地激发从业人员的积极性和职业发展动力。同时,职称晋升也可以为从业人员提供更多的职业发展机会和空间。为从业人员提供清晰的职业发展路径和晋升机会,是稳定人才队伍、留住优秀人才的重要措施。通过设立不同的职业发展路径,如管理路线、技术路线等,让从业人员看到自己的未来和发展空间,可以增加他们的归属感和责任感,激发工作积极性。职业发展路径也可以为从业人员提供更多的学习和培训机会,帮助他们不断提高自己的专业素质和业务能力。另外,提供培训和学习机会是激励从业人员不断进步的重要手段。通过定期组织业务培训、技能培训、学术交流等活动,可以让从业人员不断提升自己的专业素质和业务能力,提升他们的专业自信和职业竞争力。同时,培训和学习也可以帮助从业人员更好地适应市场需求和变化,提高他们的应变能力和竞争力。

最后,良好的工作氛围可以提升从业人员的幸福感和归属感,进而提高他们的工作积极性。营造良好的工作氛围需要关注从业人员的文化生活、工作环境和工作条件等。例如,可以组织文化活动、提供良好的办公环境、完善工作设施等,为从业人员创造一个和谐、积极的工作环境。这些措施可以有效地提高从业人员的工作效率和积极性,有利于促进整个养老服务行业的发展和提高老年人的生活质量。

在实施激励机制的过程中,需要关注公平性和透明性,确保激励机制的可持续性和长期有效性。例如,可以建立公正的评估机制和反馈机制,及时了解从业人员的意见和建议,不断完善激励机制,使其更加符合实际需求和行业特点。同时,也需要不断调整和完善激励机制,以适应养老产业的发展需求和从业人员的期望变化。

第三节 适老服务体系的建设与优化路径

一、提供多元化服务

为了满足老年人的不同需求,我们必须要提供多元化的服务。这不仅包括日常生活照料、医疗保健、心理支持、文化娱乐等方面,还需要深入了解老年人的实际需求,以贴心、细致、周到的服务赢得老年人的信任和满意。

首先,必须要认识到老年人的需求是多元化的。不同年龄段、不同身体状况、不同文化背景的老年人有着不同的需求。因此,我们必须深入了解老年人的实际需求,根据老年人的具体情况来制订相应的服务计划。

其次,服务内容应该全面。除了日常生活照料和医疗保健等基本需求外,老年人还需要心理支持和文化娱乐等方面的服务。对于心理支持,可以通过电话、邮件、信函等方式与老年人进行沟通和交流,了解他们的内心世界,为他们提供心灵上的安慰和支持。同时,还可以开展各种文化娱乐活动,如书法、绘画、音乐、舞蹈等,以丰富老年人的生活。此外,服务方式也应该多元化。除了上门服务外,还可以通过日间照料中心、养老机构等方式为老年人提供服务。同时,还可以借助互联网和信息技术,为老年人提供远程医疗、远程照料等服务,以更加高效、便捷地满足老年人的需求。

最后,我们还需要不断优化服务流程和提升服务质量。对于老年人的需求反馈和建议,必须及时响应和处理,不断完善服务流程和提升服务质量。同时,还可以开展各种宣传活动,增强老年人自我管理和自我保护意识,提高他们的生活质量。

二、加强服务网络建设

为了提供全面、多元化、贴心、细致、周到的适老服务,我们必须要加强服务网络建设。这不仅包括社区、养老机构、医院等多元化服务网络的建设,实现服务的无缝衔接,还需要借助现代技术手段,加强数字化服务建设,为老年人提供更加便捷高效的服务。

首先,必须要建立和完善社区、养老机构、医院等多元化服务网络。这不仅包括为老年人提供日常生活照料、医疗保健、心理支持、文化娱乐等方面的服务,还需要针对老年人的具体情况,制订相应的服务计划。例如,针对患有慢性病的老年人,可以通过定期巡访和家庭医生等方式,为他们提供及时、便捷的医疗服务。

其次,服务的无缝衔接是服务网络建设的核心。为了确保老年人在不同的服务机构之间得到更好的照顾和关爱,必须要加强各个服务机构之间的沟通和协作,实现服务的无缝衔接。例如,在养老机构和医院之间建立紧密的联系,当老年人生病时可以及时得到医疗救治。同时,还必须加强数字化服务建设,利用现代技术为老年人提供更加便捷高效的服务。例如,可以通过互联网和移动设备等技术手段,为老年人提供远程医疗、远程照料、在线预约等服务。这些数字化服务不仅可以提高服务效率,还可以为老年人带来更加便捷和舒适的生活体验。

最后,还需要注重服务的可持续性和创新性。要加强服务的规范化、标准化建设,确保服务质量和安全可靠。同时,还需要关注老年人的需求变化和反馈,不断优化服务内容和流程,创新服务模式和方法,以满足老年人的不同需求。

三、优化服务资源配置

为了提供高效、优质的适老服务,我们必须要优化服务资源配置。这不仅需要考虑不同地区、不同类型老年人的需求和特点,还需要注重服务的质量和效果,提高服务的整体水平。

首先,必须要深入了解不同地区、不同类型老年人的需求和特点。不同地区的老年人在需求和服务偏好方面可能存在差异,而不同年龄段、不同身体状况、不同文化背景的老年人也有着不同的服务需求。因此,我们必须深入了解并分析不同老年人的需求和特点,制定出相应的服务措施。

其次,必须要优化服务资源的配置,实现资源的合理利用。这包括合理配置医护人员、设施设备、资金等方面的资源,以满足老年人的不同需求。例如,对于医疗资源相对短缺的地区,可以重点加强远程医疗、康复保健等方面的服务,而对于养老机构较为集中的地区,可以重点加强日常生活照料、文化娱乐等方面的服务。同时,还必须注重服务的质量和效果。要建立完善的服务质量评估机制,对服务人员的专业素养和服务质量进行全面、客观、公正的评估。同时,还要关注老年人的反馈和建议,及时改进服务内容和流程,提高服务的整体水平。

最后,还需要注重服务的创新和发展。要关注养老服务行业的发展趋势和未来需求,积极拓展新的服务领域和项目,以满足老年人不断变化的需求。同时,还要加强与其他地区、其他国家的合作与交流,引进先进的服务理念和技术手段,推动适老服务行业的可持续发展。

四、建立专业化的服务队伍

为了提供专业、贴心、细致的适老服务,必须建立一支专业化的服务队伍。这不仅包括养老服务人员、医护人员、心理咨询师等专业人才的培养和管理,还需要不断提高他们的专业素养和服务质量,以更好地满足老年人的需求。

首先,必须要加强服务人员的培训和管理。这包括岗前培训、定期轮训、继续教育等多种方式,不断提高服务人员的专业素养和服务技能。例如,对于养老服务人员,可以通过专业的培训课程和实践操作,提高他们与老年人的沟通技巧、照料技能和服务态度等方面的专业素养。同时,还必须建立严格的资格认证和评价体系。通过实施执业资格制度、服务评级制度等,规范服务人员的执业行为和行业标准,提高服务人员的整体素质和服务质量。例如,对于医护人员和心理咨询师等专业人才,可以建立相应的资格认证制度,要求他们必须通过规定的考试和培训才能从事相应的工作。

其次,必须要注重人才的培养和引进。要建立完善的人才培养机制,利用高校、研究机构、企业等多个主体,培养和引进专业的养老服务人才。例如,可以鼓励高校开设养老服务相关专业,培养专业的养老服务人才;同时,还可以通过引进国外先进的养老服务理念和技术手段,提高我国养老服务行业的整体水平。

最后,还需要注重服务人员的职业发展和福利待遇。要建立完善的职业发展体系,为服务人员提供良好的晋升机会;同时,还要关注服务人员的福利待遇和生活保障，为他们提供良好的工作环境和生活条件。

五、提升老年人的参与度和自我管理能力

为了更好地满足老年人的需求，提高适老服务的质量和效益，必须提升老年人的参与度和自我管理能力。这不仅可以让老年人更好地了解自己的健康和生活状况，还可以让他们更加积极、主动地参与到适老服务的决策和管理过程中，提高服务满意度和质量。

首先，必须要鼓励老年人参与适老服务的决策和管理过程。在制定适老服务政策、规划和管理制度时，应该充分听取老年人和老年人家人的意见和建议，了解他们的实际需求和反馈，让老年人更加了解和信任服务机构和服务人员，提高服务质量和效益。

其次，必须加强与老年人及其家人的沟通和协调。通过定期开展交流、互动和分享活动，及时了解老年人的需求和反馈，不断优化服务内容和质量。例如，可以开展健康讲座、心理辅导、文化娱乐等多种活动，为老年人提供更加丰富多彩的服务内容。同时，还必须提高老年人的自我管理能力。通过开展健康宣传、技能培训和知识普及等活动，帮助老年人更好地掌握自己的身体、心理和生活状况，让他们更加自主、自信地参与社会活动。例如，可以开展营养配餐、养生保健、安全防范等多种培训课程，提高老年人的生活质量和自我保护能力。

最后，还需要注重服务的个性化和差异化。要针对不同老年人的需求和特点，制定个性化的服务措施，让老年人进一步感受到服务的贴心和细致。例如，可以开展定制化的服务项目，根据老年人的身体状况、生活习惯和文化背景等因素，制订个性化的服务方案，让老年人进一步感受到服务的差异化和个性化。

六、加强监督和管理

为了确保适老服务的规范和质量，必须加强监督和管理。这不仅需要建立完善的监督和管理机制，还需要加强服务的评估和反馈，及时发现问题并采取措施加以改进。

首先，必须要建立完善的监督机制。通过实施定期检查、评估和考核等多种方式，对服务机构、服务人员和服务质量进行全面的监督和管

理。例如,可以建立由专业评估机构、社会工作者、志愿者等组成的多层次、全方位的监督体系,对适老服务进行全方位、多角度的监督和检查。同时,还必须建立完善的管理机制。通过制定相关政策、法规和管理制度,规范服务人员的执业行为和行业标准,加强对服务机构的管理和监督。例如,可以建立服务人员的注册和备案制度,加强对服务人员的培训和管理;同时,还可以建立服务质量的评级和公示制度,鼓励服务机构提高服务质量。

其次,必须加强服务的评估和反馈。通过定期开展服务评估和满意度调查,了解老年人的需求和反馈,及时发现问题并采取措施加以改进。例如,可以引入第三方评估机构,对服务机构进行全面、客观、公正的评估;还可以建立老年人互助小组和服务反馈机制,鼓励老年人积极参与服务的评估和反馈工作。

最后,还需要注重服务的透明和公开。要建立完善的信息公开和披露机制,及时向社会公众公开服务机构的服务内容、服务标准、价格等信息,接受社会监督。例如,可以建立服务机构的信息公开平台和服务公示栏,公布服务信息和服务反馈;还可以引入社会监督员制度,对服务质量进行全面、客观、公正的监督和评价。

七、强化政策支持

在适老服务体系的建设与优化过程中,政府的角色无可替代。政府可以通过出台相关政策,为社会力量参与养老服务提供支持和激励,进一步为老年人提供更全面、更高质量的福利和保障。

首先,政府可以通过给予税收优惠、财政补贴等优惠政策,降低养老服务机构和企业的运营成本,调动社会资本进入养老服务领域的积极性。例如,对于投资兴建养老院、护理中心等养老服务设施的企业,可以给予一定比例的税收减免或资金补贴,降低其运营成本,提高其盈利能力。而对于为老年人提供各类服务的机构,如医疗保健、康复护理、心理咨询等,也可以根据服务质量和数量给予相应的财政补贴或税收优惠。

其次,政府还可以通过政策引导,推动各类金融机构为养老服务提供支持。例如,可以引导银行、保险等金融机构为养老服务项目提供低息贷款、保险保障等金融服务,以促进养老服务行业的发展。此外,政府还可以推动公私合作伙伴关系(PPP模式)的发展,鼓励私营机构与政府合作,共同推进养老服务体系建设。

再者,政府应加大对养老服务的投入,提高养老服务的整体水平。这包括加强养老服务设施建设,提高养老服务人员的专业水平,以及加强对养老服务质量和安全的管理和监督。通过政府的直接投入和支持,可以推动养老服务体系向更高质量发展。

最后,政府还应当通过制定相关法律法规,规范养老服务市场的发展。这包括对养老服务机构的设立、运营、退出等环节进行规范,保证养老服务市场的公平竞争和健康发展。同时,对于虐待老人、服务质量低下等行为,政府应依法进行惩处,以保障老年人的权益。

八、推动技术创新

在适老服务体系的建设与优化过程中,技术创新起着至关重要的作用。通过运用现代科技手段,可以为老年人提供更加便捷、高效、个性化的服务,显著提高老年人的生活质量。下面将详细介绍技术创新在适老服务体系建设与优化中的应用。

首先,智能化的养老服务平台是通过互联网、大数据、人工智能等技术,为老年人提供远程医疗、健康监测、安全监控等服务的重要手段。这种平台可以实现以下功能:

远程医疗:老年人可以通过智能终端设备,如手机、平板电脑等,随时随地接受在线医疗咨询、健康监测等服务。平台可以提供专业的医疗建议和及时的健康预警,帮助老年人更好地管理自己的健康。

健康监测:智能化的养老服务平台可以通过多种传感器和监测设备,实时监测老年人的生命体征和健康状况。这些数据可以传输到云端进行分析和处理,为老年人提供个性化的健康管理和服务。

安全监控:智能化的养老服务平台可以通过视频监控、智能门禁等系统,实时监控老年人的生活情况和安全状况。如果出现异常情况,平台可以及时报警并采取相应的应急措施,确保老年人的安全。

其次,需要技术创新提高养老服务的安全性和效率。通过运用物联网和传感器技术,可以实时监测老年人的生活情况和健康状况,及时发现异常情况并采取相应的措施。智能化的养老服务平台还可以通过数据分析和预测,为老年人提供更加精准的健康管理和生活服务。例如,平台可以通过分析老年人的健康数据和行为习惯,预测其可能出现的问题和需求,提前为其提供相应的服务和支持。

最后,通过技术创新优化养老服务的流程和体验。通过运用虚拟现实和增强现实技术,可以为老年人提供更加丰富的娱乐和生活体验,提升其生活的乐趣和幸福感。例如,智能化的养老服务平台可以通过虚拟现实技术,为老年人提供各种虚拟体验和娱乐活动,如虚拟旅游、虚拟游戏等。此外,增强现实技术还可以为老年人提供更加便捷的生活服务,如通过手机扫描即可获得商品信息、导航指引等。同时,智能化的养老服务平台还可以通过自动化服务流程,提高服务效率和质量。例如,通过自动化的提醒和通知系统,为老年人提供及时的服务信息和服务提醒。

九、促进社区参与

社区是老年人生活的主要场所,也是他们获得养老服务的重要平台。在这个环境中,积极发挥社区的作用,鼓励社区居民参与养老服务,对于提高老年人的生活质量具有至关重要的作用。

首先,社区参与养老服务有利于增强老年人的社会联系和归属感。在社区中,老年人可以与邻居、志愿者等建立互动关系,这种互动不仅能够满足老年人的社交需求,还能够提高他们的生活质量。例如,志愿者可以为老年人提供生活照料、心理支持等服务,让他们感受到社会的关爱和温暖。

其次,社区参与养老服务还有利于提高服务效率和质量。社区居民参与养老服务可以充分利用社区资源,为老年人提供更加便捷、高效、个性化的服务。例如,社区居民可以及时发现老年人的需求和问题,并采取相应的措施给予解决,从而避免问题的扩大和恶化。

为了促进社区参与养老服务,我们需要采取以下措施。

首先,需要建立完善的社区养老服务平台。这个平台应该包括以下功能:

信息服务:为老年人提供及时、准确的信息服务,包括健康、医疗、文化等方面的信息。

照料服务:为老年人提供生活照料、日常起居等服务,包括家政服务、康复护理等。

娱乐服务:为老年人提供多样化的娱乐活动,包括文化、体育、旅游等方面。

其次,需要增强社区居民的参与意识。社区居民是社区养老服务的重要力量,只有当他们充分认识到自己的责任和义务,才能够积极参与到养老服务中来。因此,需要通过宣传教育、组织活动等方式,增强社区居民的参与意识。专业的社区养老服务队伍是实现社区参与养老服务的重要保障。因此,我们需要通过培训、教育等方式,培养一批专业的社区养老服务人才。他们应该具备专业的技能和知识,能够为老年人提供高质量的服务。此外,还可以通过志愿者队伍的建设,为老年人提供更多的服务和支持。

最后,需要建立有效的监督机制。社区参与养老服务需要有效的监督机制来保障服务的效率和质量。监督机制应该包括以下几个方面:

服务质量的评估:定期对服务进行评估,发现问题并及时采取措施解决。

奖惩机制:对表现优秀的服务提供者进行奖励,对服务质量差的服务提供者进行惩罚。

信息公开:将服务情况及时向社区居民公开,接受监督。

十、提升照护质量

提升照护质量是适老服务体系建设的核心任务。这不仅需要加强对服务人员的培训和管理,提高他们的专业技能和服务意识,还需要积极推广康复护理、安宁疗护等服务,为老年人提供全面的医疗保健服务。

首先,提升照护质量的关键在于拥有一支专业、负责任的服务团队。因此,必须加强对服务人员的培训和管理,提高他们的专业技能和服务意识。具体来说,需要做到以下几点:

提供专业培训课程:为服务人员提供全面的专业培训课程,包括老年人的生理和心理特点、照护技能、安全防护等方面的知识和技能。

建立职业道德规范:建立职业道德规范,要求服务人员遵守职业道德,尊重老年人的权利和尊严,提供优质的服务。

实施服务质量评估:定期对服务人员进行服务质量评估,发现问题并及时采取措施解决,确保服务的质量。

其次,除了传统的养老服务,适老服务体系还应积极推广康复护理、

安宁疗护等服务,为老年人提供全面的医疗保健服务。具体来说,需要做到以下几点:

提供专业的康复护理:为老年人提供专业的康复护理服务,包括物理治疗、职业治疗、言语治疗等,帮助老年人恢复身体功能、提高生活质量。

开展安宁疗护服务:为老年人提供安宁疗护服务,包括疼痛控制、心理支持、家庭护理等,帮助他们度过人生的最后阶段。

实施个性化的健康管理:根据老年人的健康状况和需求,为他们提供个性化的健康管理服务,包括营养膳食、运动健身、养生保健等方面的指导和建议。

十一、加强国际合作

在加强国际合作方面,我国已经取得了一些进展。通过与国际组织、养老服务机构等进行合作,我国引进了先进的管理经验和技术,提高了养老服务体系的建设水平。下面将详细介绍加强国际合作对适老服务体系建设的重要性以及具体实施方式。

首先,加强国际合作可以帮助我国引进先进的养老服务管理经验和技术。与国际组织、养老服务机构等进行合作,可以让我们接触到更多的国际前沿理论和经验,了解并学习其他国家的成功做法。例如,通过学习国外养老服务机构的管理模式、服务理念和专业技能,我们可以提高我国养老服务的质量和效率。

其次,加强国际合作可以促进我国与国际社会的交流与沟通。通过参与国际会议、研讨等活动,我们可以增加与国际社会的联系,了解全球养老服务的发展趋势和挑战。这种交流与沟通可以帮助我们更好地把握机遇,推动我国养老服务产业的创新和发展。

最后,加强国际合作可以促进人才培养和团队建设。与国外养老服务机构进行合作,我们可以开展联合培训、研究和项目实施等活动。这些活动不仅可以提高我国养老服务从业人员的专业素养和技术水平,还可以加强团队建设,培养更多具有国际视野和创新能力的人才。

为了实现上述目标,我们需要采取以下措施来加强国际合作。

建立合作伙伴关系:与国际组织、养老服务机构等建立合作伙伴关系,可以为我们提供更多的合作机会和资源。我们需要积极寻求合作伙伴，建立稳定的合作关系，共同开展养老服务的研究、培训和项目实施等活动。

加强人才培训：通过联合培训、学术交流等方式，我们可以引进国外先进的养老服务管理经验和技术，提高我国养老服务从业人员的专业素养和技术水平。此外，还可以加强团队建设，培养更多具有国际视野和创新能力的人才。

推进项目合作：与国外养老服务机构进行项目合作，可以让我们接触到更多的实际案例和实践经验。通过共同开展项目实施、经验分享等方式，我们可以推进项目合作，促进我国养老服务产业的创新和发展。

参加国际会议和研讨：参加国际会议和研讨，可以增加我们与国际社会的联系，了解全球养老服务的发展趋势和挑战。我们需要积极参加这些活动，学习其他国家的成功做法和经验，为推动我国养老服务体系的优化提供思路和启示。

综上所述，加强国际合作是适老服务体系建设的关键之一。通过与国际组织、养老服务机构等进行合作，我们可以引进先进的管理经验和技术，提高我国养老服务体系的建设水平。同时，还可以促进人才培养和团队建设，推动我国养老服务产业的创新和发展。因此，我们应该积极寻求合作伙伴，建立稳定的合作关系，推进项目合作和人才培训等活动，不断优化和发展我国的适老服务体系。

第九章

结论与展望

第一节　研究结论总结

在本书中,我们深入探究了中国适老产业的发展与服务体系建设,旨在应对人口老龄化迅速发展带来的挑战。通过全面的文献综述、案例研究、数据分析、比较研究、实地考察和深度访谈,本研究取得了以下重要结论与总结。

一、中国正面临严峻的人口老龄化挑战

中国正面临着严峻的人口老龄化挑战,这对社会养老、家庭结构和劳动力市场产生了深远的影响。

首先,人口老龄化问题的现实性显而易见。中国的老年人口不断增加,这由长寿和生育率下降等多种因素所致。随着医疗技术的进步和生活水平的提高,老年人口的数量不断增加。这意味着需要提供更多的老年护理、医疗服务和养老设施。传统的养老模式已经难以满足需求。过去,中国家庭普遍采用多代同堂的养老方式,孩子会赡养父母,但随着家庭结构的改变和年轻一代独立居住的增多,这一模式已经受到挑战。家庭结构的变化使赡养压力增加,特别是在城市化和现代化的进程中,家庭成员之间的距离越来越远。社会养老体系亟待改进。虽然中国政府已经采取了一系列政策措施来应对人口老龄化,包括建设养老院、提高养老金水平,但仍然存在一系列挑战,如养老服务的不足和不均衡,养老金的可持续性问题等。因此,需要进一步完善社会养老体系,以确保老年人能够获得高质量的服务和经济支持。

劳动力市场也面临严峻挑战。随着老年人口的增加,中国劳动力市场将面临用工短缺和老龄化问题。这可能对经济增长和社会稳定产生负面影响,因此需要采取措施来培养更多的适老人才,延迟退休年龄,以应对这一挑战。

人口老龄化已经成为综合性的挑战,需要政府、社会和企业共同努力来解决。政府需要加强政策制定和资源投入,以完善社会养老体系和提供更多的老年护理服务。社会需要加强老年人权益保护和关怀,以确保老年人能够安享晚年。企业也需要积极响应,提供创新的适老产品和服务,以满足老年人多样化的需求。解决人口老龄化问题将需要多方合作,这为中国创造了发展机会,特别是在适老产业领域,可以为老年人提供更好的生活和创造更多的就业机会。

二、适老产业是有效应对人口老龄化的关键领域

适老产业的关键在于它为社会应对人口老龄化问题提供了全面而多样化的解决方案。随着老年人口的不断增长,适老产业覆盖了广泛的领域,包括医疗护理、康复、文化娱乐等。这些服务不仅满足了老年人多样化的需求,还提供了丰富的选择,使他们能够享受更有质量的晚年生活。适老产业的发展还创造了重要的经济增长机会。它为社会创造了就业机会,提高了劳动力市场的活力。社会对医护人员、康复师、文化艺术工作者等从业者的需求不断增加,这有助于解决用工短缺问题,为经济增长提供助力。此外,适老产业的发展还促进了科技的进步。智能化解决方案、远程医疗、医疗健康监测等应用技术不仅提高了服务的效率和质量,还使老年人能够更长时间地保持自主生活。这推动了技术在医疗和护理领域的应用,也有望为未来的科技创新提供更多机会。

更重要的是,适老产业的发展提高了老年人的生活质量。老年人能够享受更多文化活动、康复服务和医疗护理,这有助于延长健康寿命,提高生活满足感。适老产业不仅提供了物质上的支持,还满足了老年人精神和社交需求,减少了孤独感。

总之,适老产业的重要性在于它为应对人口老龄化问题提供了综合性的解决方案,创造了经济增长机会,促进了科技创新,提高了老年人的生活质量。这一领域不仅有助于应对老龄化挑战,还为社会创造了更多的发展机会,特别是在提供服务和就业方面。适老产业的发展将继续在未来发挥积极作用,为老年人提供更好的支持和关怀,同时也为经济和社会的可持续发展贡献力量。

三、适老服务的发展与创新至关重要

随着社会的发展,老年人对服务的期望已经从单一的医疗护理演变为更全面的需求。他们渴望更多社交互动、文化娱乐、康复服务以及精神层面的关怀。适老服务需要不断拓展其概念与范围,以满足这些多样化的需求。

为了满足老年人的多样化需求,适老服务需要不断创新。这包括创造更多社交互动机会,如老年社区活动和互助小组,以减少老年人的孤独感。文化娱乐方面,文化养老的概念正在崭露头角,传统文化的传承和创新将成为服务的重要组成部分,为老年人提供更具有文化内涵的生活体验。医疗服务方面,远程医疗、健康监测和医养结合等创新实践有望提高服务的效率和质量,让老年人能够更长时间地保持自主生活。了解老年人的需求和市场供给状况至关重要,以确保服务与需求相匹配。本研究的目的之一是深入了解适老服务的供需状况,以提供有针对性的建议,帮助满足老年人的多样化需求。

总之,适老服务的不断发展和创新是为了满足老年人必然趋势的多样化需求。适老服务需要不断扩大其服务范围,提供更加多样化的选择,以确保老年人能够享受更富有活力和满足感的晚年生活。通过创新实践和深入研究供需状况,适老服务将能够更好地满足老年人的期望,提高他们的生活质量。这一趋势将为老年人和整个社会带来积极的影响,使老年人的晚年生活更加充实和有意义。

四、强调适老产业与文化养老的融合发展

适老产业与文化养老的融合发展是一种极具前瞻性的趋势,不仅有助于满足老年人的多元需求,还为中华文化的传承和发展创造了机遇。

首先,文化养老为老年人提供了丰富的生活体验。老年人渴望在晚年生活中继续体验和享受文化生活,如传统音乐、舞蹈、书法、绘画等。文化养老为他们提供了参与各种文化活动的机会,不仅满足了他们的审美需求,还提供了一种积极、有益的生活方式。老年人可以通过参与文化活动找到生活的乐趣,增加社交互动,减少孤独感,提高生活满足度。

其次,文化养老有助于传承中华文化。中国拥有悠久的历史和丰富的文化传统,这些宝贵的文化资源需要得到保护和传承。适老产业与文

化养老的结合,为老年人提供了学习和传承传统文化的机会。他们可以参与各种文化活动,学习传统技艺,参观历史文化遗迹,以及参与文化传统的传承工作。这有助于让中华文化焕发新的生机,使其更好地传承下去。

适老产业和文化养老融合还将促进产业的发展。适老产业本身已经具有巨大的增长潜力,但与文化养老的结合将进一步扩展市场。提供文化养老服务的机构和企业将受益于老年人对文化活动的持续需求。这将创造更多的就业机会,激发文化产业的发展潜力,同时也为适老产业带来新的增长点。

总之,适老产业与文化养老的融合发展是一种具有深远影响的趋势,有助于满足老年人多元需求、促进中华文化的传承和发展,以及促进产业的繁荣。这种结合为老年人提供了更富有内涵的晚年生活,同时也为中国的文化传统注入了新的活力。通过不断深化这一融合,可以为老年人和整个社会带来更多福祉和发展机会,拥有一个更加富有活力和充实的老年生活。

五、通过适老改造提高养老设施的舒适度和适用性

适老改造是一个不可或缺的举措,对提高养老设施的舒适度和适用性至关重要。

首先,适老改造的目的在于改善设施,以满足老年人的特殊需求。老年人通常面临行动不便、视力减退、听力下降和其他健康问题,因此他们需要更适合的居住环境。适老改造着重于提高建筑和设施的可访问性,包括改进坡道、扶手、无障碍设施等,以方便老年人的日常生活。这种改造还包括改善室内空间的设计,如增加照明、减少滑倒和绊倒的风险,提供舒适的室内温度等。通过这些改进,老年人可以更安全、更方便地居住,并提高生活质量。

其次,适老改造技术是为老年人提供更好的生活环境的关键。这包括采用无障碍设计,如采用防滑地面、舒适的座椅、易操作的开关和把手等。此外,改造还包括安装护栏、卫生设备、安全设备的增加,以确保老年人在生活中能够更加独立和自主。

适老改造的应用需要进一步推广。随着人口老龄化的加剧,需要更多的设施和住房适应老年人的需求。政府、企业和社区需要共同合作,推动适老改造的普及,以满足老年人的需求。这将有助于减少意外伤害和提高老年人的生活质量,同时也有助于减轻家庭和社会的养老压力。

总之,适老改造是提高养老设施的适用性和舒适度的关键措施,有助于满足老年人的特殊需求,提高他们的生活质量。通过采用适当的技术,可以创造更适合老年人的生活环境,让他们能够更加独立和自主。适老改造的推广将有助于满足日益增长的老年人的需求,同时也为社会养老体系的建设做出重要贡献。

第二节 研究的不足与改进建议

本研究在探究中国适老产业的发展与服务体系建设方面取得了显著进展,但也存在一些不足之处,这些不足为今后深化研究提供了有益的启示。以下是研究的不足之处以及相关改进建议。

一、数据限制

首先,数据限制是本研究的一个主要不足。本研究主要依赖文献综述、案例研究和实地考察,这些方法虽然能够促进对适老产业的深入理解,但数据收集受限。未来的研究可以考虑采用更多定量数据和大规模调查,以更全面地了解适老产业的市场情况、服务质量和需求。这将有助于提供更具说服力的证据,进一步支持研究结论。同时,定量数据和大规模调查可以提供更广泛的参与,以确保研究的代表性。其次,本研究的时效性可能受到挑战。适老产业是一个不断发展和演变的领域,因此本研究的结论可能在一段时间后需要重新评估。未来的研究可以考虑建立长期追踪机制,以了解适老产业的动态变化,确保研究的时效性。这将有助于持续监测适老产业的发展趋势,并及时提出政策建议。另外,本研究的地域性可能有一定局限性。中国各地的适老产业发展水平和特点存在差异,因此研究的结论可能不适用于所有地区。未来的研究可以考虑进行更广泛的地域性比较,以更好地了解不同地区的适老产业发展情况,为地方政府和企业提供更具针对性的政策建议。

总之,虽然本研究取得了一些有价值的结论,但数据限制、时效性和地域性可能会对研究的适用性和可信度产生一定的影响。未来的研究可以采取更多的定量数据和大规模调查,建立长期追踪机制,以及进行更广泛的地域性比较,以解决这些不足之处。这将有助于更全面地理解适老产业的发展趋势,为政府、企业和社会提供更好的决策支持。

二、跨文化比较不够深入

尽管本研究进行了国际比较,但可以进一步深入研究不同文化背景下的适老产业与文化养老的融合情况,以获取更多跨文化的见解。这有助于吸取国际经验,为中国适老产业的发展提供更广泛的参考。

首先,适老产业与文化养老在不同国家和文化背景下可能存在显著差异。不同国家的文化传统、价值观和老龄化水平可能会影响适老产业的发展路径和文化养老的实践方式。深入研究不同文化背景下的情况可以为中国的适老产业提供更广泛的参考,帮助政府、企业和社会更好地理解不同文化环境下的最佳实践。

其次,跨文化比较可以促进国际经验的吸取。不同国家在适老产业和文化养老方面可能有各自独特的经验和创新,这些经验可以为中国提供宝贵的启示。通过深入研究其他国家的成功案例和最佳实践,中国可以借鉴并引进适合本国情况的策略和模式,从而更好地满足老年人的需求。另外,跨文化比较有助于推动国际合作。中国的适老产业不仅为本国老年人提供服务,还有望面向国际市场。深入了解其他国家的情况可以促进国际合作和知识共享,有助于中国的适老产业更好地走出国门,为全球老年人提供高质量的服务。

总之,深入研究不同文化背景下的适老产业与文化养老的融合情况对于本研究的进一步完善至关重要。这将为中国适老产业的发展提供更广泛的参考,吸取国际经验,推动国际合作,以更好地满足老年人的需求,提高他们的生活质量。通过跨文化比较的不断深入,可以为中国的适老产业发展提供更多的有益之策。

三、适老服务质量标准

未来的研究可以更深入考虑建立适老服务的质量评估标准和制定服务质量指导方针。这将有助于确保老年人获得高质量的服务,提高他们的生活质量。

首先,适老服务的质量是决定老年人生活质量的关键因素。服务质量不仅涉及服务的有效性和安全性,还包括了对老年人需求的全面满足,以及服务的尊重和关怀。然而,目前在中国缺乏统一的适老服务质量标准和指导方针,导致不同服务提供者之间质量标准不一致,难以确保老年人获得高质量的服务。未来的研究可以更深入地考虑建立适老服务的质量评估标准和制定服务质量指导方针。

其次,质量标准的建立将有助于提高适老服务的一致性。不同服务提供者、不同地区的适老服务可能存在差异,但通过建立统一的质量标准,可以确保服务的基本水平得到满足,老年人在不同地区和场所都能够获得相似水平的服务。这不仅有助于提高服务的可及性,也有助于减少老年人在选择服务提供者时的不确定性。另外,质量标准的建立还可以提高适老服务的透明度。老年人及其家庭需要了解他们所选择的服务提供者是否满足一定的质量标准,这可以增加信任并提高服务的可信度。质量标准的透明度还有助于监督和监测服务提供者的表现,从而提高服务的质量。

最后,建立适老服务的质量评估标准和服务质量指导方针将有助于推动适老产业的发展。高质量的服务将有助于吸引更多老年人选择适老服务,从而增加市场需求,促进产业的增长。此外,高质量的服务还有助于提高适老产业的国际竞争力,有望吸引国际市场的需求,推动产业的国际化发展。

总之,建立适老服务的质量评估标准和服务质量指导方针是未来研究和产业发展的一个关键方向。这将有助于确保老年人获得高质量的服务,提高他们的生活质量,促进适老产业的健康发展,以满足不断增长的老年人需求。通过这一改进,可以实现适老服务的不断提高,为老年人提供更好的生活体验。

四、可持续性研究

本研究侧重于适老产业的发展与服务体系建设,未来的研究可以进一步关注产业的可持续性和生态影响。研究适老产业的生态可持续性,包括资源利用和环境影响,对产业的可持续发展至关重要。

首先,随着适老产业的快速发展,相关资源的使用已经成为一个关键问题。这包括了人力资源、物质资源、能源等各种资源的使用。未来的研究可以进一步探讨适老产业的资源利用效率,以确保资源的可持续使用。这将涉及资源管理、资源回收和再利用等方面的研究,有助于降低资源浪费,减少环境负担,提高产业的可持续性。

其次,适老产业的发展也会对环境产生一定的影响。例如,医疗废物的处理、能源消耗和建筑环境的影响等都需要深入研究。未来的研究可以关注适老产业的生态影响,以评估产业的环境可持续性。这将有助于确保产业的快速发展不会对生态系统造成不可逆转的破坏,保护环境和自然资源。另外,关注产业的可持续性也有助于提高产业的社会声誉。越来越多的消费者和投资者对企业和产业的可持续性表现给予关注。通过研究和改进产业的可持续性,可以吸引更多的投资和消费者,为产业的发展提供更多机会。

最后,可持续性研究有助于政府的政策制定。政府根据可持续性研究的结果来制定政策,以鼓励产业采用更环保和资源节约的做法。这将有助于产业的规范化和可持续发展。

总之,研究适老产业的可持续性是未来研究的一个重要方向。这将有助于确保产业的健康发展,减少资源浪费和环境负担,提高社会声誉,以满足不断增长的老年人需求。通过深入研究和改进产业的可持续性,可以实现产业的不断提高,为老年人提供更好的生活体验。

五、样本规模扩大

虽然本研究进行了广泛的文献综述和实地考察,但未来的研究可以考虑扩大样本规模,涵盖更多地区和类型的适老产业,这将有助于更好地代表全国范围内的情况。

首先,本研究的样本规模相对有限,主要依赖文献综述和实地考察的数据。虽然已经进行了广泛的文献综述,但样本的局限性可能会导致部分信息的遗漏，无法全面反映中国适老产业的多样性和复杂性。因此，未来的研究可以考虑扩大样本规模，以覆盖更多地区和类型的适老产业。

其次，不同地区和类型的适老产业可能存在差异，包括市场规模、服务范围、服务质量等方面。通过扩大样本规模，可以更好地代表全国范围内的情况，提高研究的代表性和普适性。这将有助于更准确地了解不同地区和类型的适老产业的需求和挑战。另外，扩大样本规模还有助于发现更多的创新案例和最佳实践。不同地区和类型的适老产业可能采用不同的模式和策略，通过扩大样本规模，可以更好地汲取经验教训，为产业的发展提供更多启示。

最后，扩大样本规模也可以增加研究的科学性和可信度。更大规模的研究可以提供更多数据支持，增加研究结论的可靠性，使研究结果更有说服力。

总之，扩大样本规模是未来研究的一个重要方向，可以帮助更全面地了解中国适老产业的现状和未来发展趋势，为政府、产业和社会提供更准确的决策支持。通过深入研究更多地区和类型的适老产业，可以实现产业的不断提高，为老年人提供更好的生活体验。

六、深入访谈

继续深入访谈相关从业者和老年人，以获取更多实际经验和见解，是为适老产业的发展和改进提供实际指导的关键。未来的研究可以进一步扩大访谈的范围，包括不同地区、不同类型的从业者和老年人。

首先，深入访谈是为了获取更多实际经验和见解，这些经验和见解是了解适老产业的实际运行和老年人的需求的重要来源。尽管本研究已经进行了一定程度的访谈，但范围相对有限，可能无法覆盖所有的情况和细节。未来的研究可以进一步扩大访谈的范围，包括不同地区、不同类型的从业者和老年人，以获取更加多样性的见解。

其次，深入访谈有助于发现问题和挑战。通过与从业者和老年人的交流，研究者可以更好地了解他们所面临的问题和需求。这有助于识别产业中存在的障碍，为改进和发展提供指导。未来的研究可以特别关注挑战性的问题，如服务质量、人才培养和政策支持等方面的深入访谈，以找到更好的解决方案。另外，深入访谈也有助于发现创新和最佳实践。从实际经验中获得启示,可以帮助其他从业者改进其服务和运营模式。通过深入访谈成功的案例和领先的从业者,可以为整个产业提供更多的借鉴和学习机会。

最后,深入访谈可以为政府、产业和社会提供更具针对性的建议。通过更深入地了解问题和需求,可以更好地制定政策、改进服务和培训人才,以更好地满足老年人的需求。这将有助于促进适老产业的健康发展和提高老年人的生活质量。

总之,深入访谈是未来研究的一个关键方向,可以为适老产业的发展和改进提供更实际的指导和支持。通过与更广泛的相关人员进行深入访谈,可以更全面地了解产业的需求和挑战,为产业的发展提供更多启示和建议。这将有助于适老产业更好地满足老年人的多样化需求,提高他们的生活质量。

第三节 对未来适老产业发展的展望

一、全面发展适老产业

在未来,适老产业将迎来更为广泛和多元化的发展,涵盖医疗、康复、文化娱乐、社交活动等领域,这一发展趋势将对老年人的生活产生深远的积极影响。

首先,医疗领域的发展将使老年人更容易获得高质量的医疗服务。适老产业将不仅仅是提供日常生活的辅助,还将涵盖更广泛的医疗需求。老年人将能够享受到更多预防、诊断和治疗方面的专业服务,包括慢性病管理、定期体检和远程医疗咨询。这将有助于提高老年人的健康水平和寿命。

其次,康复和康复疗法将成为适老产业的重要组成部分。老年人常常面临康复和恢复身体功能的需求,特别是那些患有慢性疾病或行动不便的人。适老产业将提供各种康复服务,包括物理康复、心理康复和职业康复,以帮助老年人更好地应对身体健康挑战。

文化娱乐和社交活动也将在适老产业中得到更多关注。老年人追求更丰富的社交生活和娱乐活动,适老产业将提供文化活动、艺术表演、兴趣小组等社交和娱乐选择。这将有助于老年人保持活力,降低孤独感,增强生活满足感。此外,适老产业的多元化发展也将创造更多就业机会,吸引更多从业者进入该领域。医护人员、文化艺术工作者、社交活动组织者等专业将得到更多发展空间,为就业市场带来活力。

总之,全面发展适老产业将使老年人的生活更加丰富多彩。老年人将获得更多医疗和康复服务,享受更多文化娱乐和社交活动。这一多元化的发展将满足老年人的多样化需求,提高他们的生活质量,增加社会的福祉。适老产业的进一步发展将为老年人提供更多选择,使他们能够维持独立、健康和有意义的生活。

二、技术与智能化

未来,技术将在适老产业中发挥更为重要的作用,以满足老年人的多样化需求和提高服务的效率和质量。

首先,智能化解决方案将在适老产业中广泛应用。这包括智能家居系统,可帮助老年人管理家庭事务、提高安全性,如智能照明、温度控制、远程门禁等。此外,可穿戴技术和智能健康设备将监测老年人的健康状况,提供健康数据,帮助老年人更好地管理健康问题。

其次,远程医疗将成为适老产业的重要组成部分。老年人经常需要定期医疗咨询和监测,但由于行动不便或医疗资源不足,他们可能无法及时获得医疗服务。远程医疗技术将允许老年人与医生进行远程会诊,获取医疗建议,减少就医难度。这对于慢性病管理和日常健康监测尤为重要。

医疗健康监测系统将使老年人能够更好地掌握自己的健康状况。这些系统可以监测生命体征,如血压、血糖、心率等,并将数据传输给医疗专业人员。老年人和他们的医生可以通过这些数据更有效地管理疾病和调整治疗方案。技术还将改善老年人的社交互动。视频通话、社交媒体和在线社交平台将使老年人更容易与家人和朋友保持联系,减少孤独感。此外,虚拟现实和增强现实技术通过提供娱乐和认知训练,帮助老年人保持精神活力。

总之,技术与智能化的应用将使老年人能够更长时间地保持自主生活,提高生活质量。老年人将获得更多的健康管理工具、便捷的医疗服务和社交互动的机会。适老产业将成为技术创新的推动者,为老年人提供更多便利和支持,帮助他们过上更加自主和富有活力的晚年生活。这一趋势将对老年人和整个社会产生深远的积极影响。

三、政策支持与监管

政府的支持将为适老产业的发展提供关键支持。政府将继续提供财政支持、税收优惠和贷款支持,以鼓励更多机构和企业进入适老产业。这将有助于扩大产业规模,提高服务供给的质量。政府还将加强监管,以确保适老产业的服务质量和安全。这将包括资质认证和行业规范的制定和执行。通过设定标准,政府可以确保老年人获得合格和可靠的服务,提高整个产业的声誉。

政府政策将更多地关注老年人的权益保护。政策制定者将倾听老年人的声音,制定政策,以满足他们的需求和期望。这有助于确保服务更加贴合老年人的实际需求,提高服务的人性化。政府还将推动适老产业的可持续发展。这包括鼓励绿色和可持续发展实践,以降低资源利用和环境影响。政府将推动可再生能源的使用、废物回收和节能措施,以减少产业对环境的负担。政府的政策支持还将促进产业的创新。政府将鼓励适老产业采用新技术、智能化解决方案和文化创新,以提高服务效率和满足老年人的多样化需求。

总之,政府的积极支持和监管将确保适老产业的可持续发展,为老年人提供高质量的服务。政策将关注服务质量、资质认证和老年人权益保护,使服务更加安全和可靠。政府还将鼓励绿色和可持续发展实践,促进产业的创新。这将有助于提高老年人的生活质量,满足他们多样化的需求,为老龄化社会的挑战提供有效应对措施。政府、产业界和老年人自身将共同努力,推动适老产业的可持续发展,提高老年人生活的质量。

四、人才培养与专业化

随着社会的不断进步,老龄化趋势日益明显,适老产业作为应对这一趋势的重要领域,其发展前景日益广阔。然而,要实现适老产业的可持续发展,我们必须重视人才培养与专业化。

人才是任何产业发展的核心驱动力。对于适老产业而言,拥有一支高素质、专业化的人才队伍至关重要。未来,我们需要注重培养具备专业知识和技能的适老产业人才。这包括医疗护理人才、康复治疗人才、心理咨询人才等。通过提供专业的培训课程和实践机会,使人才不断学习和成长,具备扎实的专业知识和丰富的实践经验,以更好地满足老年人的多样化需求。

除了专业知识外,人才培养还应注重综合素质的提升。在适老产业中,人才需要具备良好的沟通能力、团队合作精神和人文关怀精神。因此,我们应关注人才的人际交往能力、心理素质和职业道德等方面的培养。通过举办团队建设活动、心理素质培训等方式,提升人才的综合素质,使他们能够更好地与老年人沟通互动,提供温暖、关怀的服务。

专业化是未来适老产业发展的关键。随着老年人对养老服务的需求不断增长,他们对服务的质量和专业化程度也提出更高要求。因此,我们需要推动适老产业人才的专业化发展。通过建立完善的职级体系,明确各职级的职责和要求,使人才能够根据自身能力和兴趣选择适合的发展方向。同时,鼓励人才进行专业认证和考试,提升自身的专业水平和竞争力。

此外,未来的适老产业发展还需要注重跨领域的合作与创新。适老产业涉及医疗、护理、康复等多个领域,因此,我们需要促进不同领域之间的交流和合作。通过搭建跨领域的合作平台,推动医疗、技术、设计等各方的合作,共同研究和创新适老服务模式和产品。这样的合作将有助于综合提升适老产业的专业水平和服务质量。

同时,政府和社会各界的支持也是推动适老产业人才培养和专业化的重要力量。政府可以出台相关政策,鼓励高校和职业培训机构开设适老产业相关专业和课程,提供奖学金和实习机会,吸引更多的年轻人投身这一领域。社会各界可以通过提供资金支持、建立实训基地等方式,积极参与适老产业人才的培养过程,共同推动适老产业的健康发展。

总之,人才培养与专业化是未来适老产业发展的关键所在。通过加强人才培养、推动专业化发展及跨领域合作与创新,我们能够建立起一支高素质、专业化的人才队伍,为老年人提供更优质、更人性化的服务。随着各方的共同努力,我们有信心迎接老龄化社会带来的挑战,并开创适老产业更加美好的未来。

五、老年人参与

在谈论适老产业的未来时,我们不得不关注一个核心群体——老年人。他们不仅是适老服务的受益者,更是产业发展中的重要参与者和推动力量。可以肯定地说,老年人的积极参与将对适老产业的未来发展起到至关重要的作用。

首先,老年人的参与将有助于更精准地定义服务和产品。作为服务的直接受益者,老年人对自己的需求和期望有着最直观的认识。通过积极参与到产品或服务的设计和研发过程中,他们可以提供宝贵的反馈和建议,帮助企业更好地理解和满足他们的需求。

其次,老年人的经验和智慧是宝贵的资源。他们在生活中积累了丰富的经验和智慧,这对适老产业的发展具有重要的指导意义。通过组织老年人参与产业研讨会、座谈会等活动,我们可以汲取他们的智慧和经验,为产业的发展提供新的思路和方向。

同时,鼓励老年人参与还能提高他们的生活质量和幸福感。参与产业活动可以让老年人感到自己仍然被社会需要,他们的生活和经验仍然有价值。这种参与感和归属感将有助于提高他们的生活质量,增强他们的幸福感。

在推动老年人积极参与的过程中,我们需要注重以下几点:一是要建立有效的参与渠道和平台,让老年人能够方便、快捷地参与到产业活动中来;二是要注重老年人的个体差异,尊重他们的选择和决定;三是要提供良好的参与环境,让老年人在参与过程中感到愉快和舒适。

总体来说,老年人的积极参与是未来适老产业发展的关键。他们的参与将有助于更精准地满足他们的需求,提升服务质量和效率,同时也有助于提升他们的生活质量和幸福感。而且,他们的智慧和经验也将为适老产业的发展带来无尽的启示和可能。因此,我们必须高度重视老年人的参与,将他们的声音和需求融入适老产业发展的每一个环节。只有这样,我们才能真正实现适老产业的可持续发展,为老年人创造一个更好的生活环境,让他们在晚年生活中充满乐趣和活力。

六、可持续性和生态影响

随着全球对环境可持续性的日益关注,适老产业的发展也必须与之相适应，确保其长期稳健发展的同时，也要对生态环境负责。

首先，对于适老产业的可持续发展，我们必须重视资源的有效利用。这包括但不限于能源、水资源和各种原材料。通过采用绿色建筑设计和可再生能源，适老设施可以实现高效能源利用和减少碳排放。例如，利用太阳能、风能等可再生能源，不仅可以降低运营成本，还可以减少对环境的不良影响。

其次，未来的适老产业必须注重生态友好的产品和服务。这意味着从产品设计、生产到废弃物的处理，都要考虑到环境的影响。例如，使用可降解、环保的材料来制造老年用品，减少一次性产品的使用，推广可循环利用的产品，都是未来适老产业发展的重要方向。

技术的创新将在实现适老产业可持续发展中发挥关键作用。通过技术手段，我们可以更有效地监测和管理资源消耗，减少浪费。例如，智能家居系统可以帮助老年人更高效地使用电能和水资源，而先进的医疗技术则可以帮助减少医疗资源的浪费。

当然，要实现适老产业的可持续发展，仅仅依靠技术和产品创新是不够的。我们还需要在整个行业中普及环保和社会责任意识。通过培训和教育，我们可以使从业人员和公众更加了解可持续性的重要性，从而在日常工作和生活中采取更加环保的行为。

与此同时，适老产业的生态影响不仅仅局限于其运营过程中，其产业链上下游，如原料生产、物流运输等环节，也会对环境产生影响。因此，我们需要一个全局性的视角，考虑整个产业链的生态影响，推动整个行业的绿色转型。

总体来说，适老产业的未来不仅要关注如何为老年人提供更好的服务，还要确保这种发展是可持续的，对环境友好的。这是一个复杂而重要的任务，需要我们共同努力，不断创新和改进。我们有理由相信，随着社会的发展和技术的进步，适老产业将朝着更加可持续、生态友好的方向发展，为老年人创造一个既舒适又环保的生活环境。

参考文献

[1] 李丽君,武新力.积极应对人口老龄化背景下我国养老服务体系建设法治化探析[J].发展,2023(9):51-54.

[2] 崔静静.新时代人口老龄化背景下乡村旅游康养发展策略研究——以河南省焦作市为例[J].村委主任,2023(8):89-91.

[3] 周虹旭.人口老龄化背景下养老社区景观设计研究[J].美与时代(城市版),2023(8):39-41.

[4] 孙亮亮,秦蒙,徐晓阳,等.积极应对人口老龄化背景下社区大众健身智慧服务平台构建研究[J].体育科技文献通报,2023,31(8):111-113.

[5] 黄婷,林琳,董碧蓉.人口老龄化背景下医养结合发展实施路径[J].中国临床保健杂志,2023,26(3):303-306.

[6] 宋琪.人口老龄化背景下我国居民养老福利态度影响因素研究[J].国际公关,2023(11):58-61.

[7] 杨雪,徐晶.人口老龄化背景下中国养老金融发展问题研究[J].长春金融高等专科学校学报,2023(4):25-31.

[8] 王增允,罗驰君,刘楠.人口老龄化背景下社区养老实践路径比较研究[J].国际公关,2023(11):40-42.

[9] 朱文佩,林义.人口老龄化背景下养老金融风险的识别、防范与治理[J].当代经济管理,2023,45(9):79-89.

[10] 李晓青,刘薇.适老服务再升级,老人就医享更多"友善服务"[N].乌鲁木齐晚报(汉),2023-07-04(6).

[11] 白洋.从政策到产业,适老市场加码发展[J].现代家电,2023(7):17-19.

[12] 李依诺,袁曦临.文化养老视野下公共图书馆适老化服务模式

研究 [J]. 新世纪图书馆,2023（4）: 42-48.

[13] 郭艳. 构建适老产业高质量发展新格局——2023 中国适老产业发展高峰论坛举办 [J]. 中国建筑装饰装修,2023（8）: 12-14.

[14] 王茜. 构建适老产业高质量发展新格局 [N]. 中华建筑报,2023-04-11（2）.

[15] 中国工商银行网络金融部个人业务处. 打造贴心适老服务 多举措帮助老年客户跨越"数字鸿沟"[J]. 杭州金融研修学院学报,2022（9）: 12-13.

[16] 赵颖,李小宇."后疫情时代"城市老旧住区适老服务设施提升策略研究 [J]. 当代建筑,2022（10）: 43-46.

[17] 潘润红. 创新适老服务 增进老龄福祉 [J]. 金融电子化,2022（6）: 2.

[18] 撒思成. 论智能化社会服务"适老"的政府责任 [D]. 重庆: 西南大学,2022.

[19] 仇兆燕. 建设适老服务长效机制 [N]. 中国银行保险报,2022-04-11（5）.

[20] 高勇,尹坤. 让适老服务更温暖更贴心 [J]. 雷锋,2022（3）: 71-73.

[21] 莫丽萍. 适老改造加速上线 [N]. 黑龙江日报,2022-01-06（5）.

[22] 王晓红,王晶晶. 数字化时代智能适老服务平台构建探析 [J]. 软件,2021,42（12）: 41-43.

[23] 潘铎印. 逐浪适老产业这片"新蓝海"[N]. 中国劳动保障报,2021-12-10（8）.

[24] 黄冰,丘湘晖. 这些措施,让适老服务更有温度 [N]. 玉林日报,2021-10-25（B03）.

[25] 祖兆林. 江苏: 将"适老"服务转化为"我为群众办实事"的实践 [N]. 中国银行保险报,2021-10-12（2）.

[26] 毛仙琴. 浙江衢州:"四化"推进适老服务 [J]. 中国社会保障,2021（8）: 6.

[27] 王连."适老服务"令人称道 [J]. 侨园,2021（6）: 91.

[28] 闫玉梁. 城市社区居住环境适老性评价标准研究 [D]. 哈尔滨: 哈尔滨工业大学,2021.

[29] 郑稣鹏. 适老企业创新机会形成与创新影响机理研究 [D]. 大

连：大连理工大学,2021.

[30]. 老龄化时代,应如何提供"适老"服务？ [J]. 中国社会保障,2021（1）：44-47.

责任编辑：陈　平
封面设计：马静静

人口老龄化背景下
我国适老产业发展与服务体系建设研究

ISBN 978-7-5629-6973-0

9 787562 969730

定价：78.00元